Dr. Mahlstedts

5 Punkte für den unangreifbaren

Mietervertrag

GeVestor
Scharfsicht zahlt sich aus.

Impressum

6. Auflage 2021

Theodor-Heuss-Straße 2–4 · 53177 Bonn
Telefon +49 228 8205-0 · Telefax +49 228 3696480
info@gevestor.de · www.gevestor-immobilien.de

GeVestor ist ein Unternehmensbereich des
VNR Verlag für die Deutsche Wirtschaft AG
Vorstand: Richard Rentrop
USt.-ID: DE 812639372 Amtsgericht Bonn · HRB 8165

Fachautor: Dr. Tobias Mahlstedt (V.i.S.d.P)
Satz: ce redaktionsbüro für digitales publizieren, Heinsberg
Druck: Beltz Bad Langensalza GmbH, Bad Langensalza

ISBN 978-3-8125-2505-3

Haftungsausschluss

Inhalt

Vorwort

Der Mieterwechsel ist der heikelste Moment für Vermieter mit Verwalter überhaupt: Schönheitsreparaturen, Mietkaution, Schadensersatz wegen Beschädigungen, Betriebskosten und noch einiges mehr müssen Sie nun bedenken und regeln. Zugleich wollen Sie natürlich zügig weitervermieten, um Leerstand und Mietausfälle zu vermeiden.

Fehler an dieser Stelle sind an der Tagesordnung und gehen auch schnell ins Geld. Beispiel Schönheitsreparaturen und Beschädigungen in der Mietwohnung! Leider viel zu oft musste ich Vermietern schon erklären, dass ihre Ansprüche – häufig sind es mehrere Tausend Euro – verjährt sind. Da kann der beste Anwalt nicht mehr helfen.

Apropos Anwalt: Nach meiner Beobachtung fackeln Mieter heute nicht mehr lange und beauftragen schnell selbst einen Anwalt, dessen Kosten und Gebühren der Vermieter dann zahlen muss, wenn er nicht aufgepasst hat.

Haben Sie das alte Mietverhältnis abgeschlossen, stellen Sie nun die Weichen dafür, dass Ihr neuer Mietvertrag renditestark und stressfrei ist – mit dem richtigen Mietvertrag.

Auch hier habe ich immer wieder Mandanten, die völlig überflüssig Rechte und Geld verschenkt haben, weil sie schlechte, veraltete oder unvollständige Mietverträge nutzen.

Der Klassiker sind die Betriebskosten: Obwohl der BGH es Vermietern immer leichter macht, diese rechtssicher auf den Mieter zu übertragen, gelingt dies vielen Vermietern nicht. Folge: Nicht der Mieter, sondern der Vermieter trägt die Kosten!

Die Kunst für Vermieter liegt darin, ihren begrenzten Spielraum im Mietvertrag bestmöglich für sich zu nutzen. Benachteiligt eine Regelung den Mieter unangemessen, ist die gesamte Regelung unwirksam, etwa die zur Verpflichtung zu Schönheitsreparaturen. Deshalb gilt: Weniger ist oft mehr. Andererseits lassen das Bürgerliche Gesetzbuch und der Bundesgerichtshof Vermietern zunehmend Spielräume, um die diese oft gar nicht wissen – und so auch nicht nutzen.

Immer wieder zeigt sich: Wissen zahlt sich für Sie aus. Das beginnt natürlich direkt bei der Miete. Wie hoch darf sie bei Mietbeginn sein (Stichwort „Mietpreisbremse“)? Ist eine Indexmiete für Sie besser als eine Staffelmiete?

Wie Sie alle Vorteile für sich nutzen – und alle rechtlichen Fallstricke sicher umgehen –, zeige ich Ihnen zuverlässig in diesem Buch. Denn nur so macht Vermietung Freude!

Dr. Tobias Mahlstedt

Über den Autor

Dr. Tobias Mahlstedt ist Rechtsanwalt und Fachanwalt für Miet- und Wohnungseigentumsrecht und seit vielen Jahren der Chefredakteur vom **„Immobilien-Berater“**. In seiner Kanzlei in Berlin-Charlottenburg bearbeitet er das gesamte Recht „rund um die Immobilie“. Daneben ist er als Fachautor zahlreicher Publikationen zum Immobilienrecht sowie bundesweit als Referent und Wirtschaftsmediator in diesem Bereich tätig

Dr. Mahlstedt studierte an den Universitäten Trier, Málaga (Spanien) und Bonn Rechtswissenschaften. An der Universität Regensburg promovierte Herr Dr. Mahlstedt im Strafprozessrecht.

Während seines Referendariats am Kammergericht in Berlin war Herr Dr. Mahlstedt unter anderem auch für die Delegation der Deutschen Wirtschaft sowie für eine internationale Anwaltskanzlei in Shanghai tätig. Als Anwalt spezialisierte er sich schon früh auf das Immobilienrecht. Es folgte die Qualifikation und Zulassung als Fachanwalt für Miet- und Wohnungseigentumsrecht. Darüber hinaus ist er als Wirtschaftsmediator ausgebildet und zertifiziert.

Dr. Mahlstedt berät und vertritt insbesondere Mietverwaltungen und Wohnungsunternehmen auf dem Gebiet des Wohn- und Gewerberaummietrechts sowie Eigentümer und Verwalter in Fragen des Wohnungseigentumsrechts. Aus seiner täglichen Beratungspraxis ist er mit den vielfältigen rechtlichen Problemen vertraut, die Vermietern, Verwaltern und Wohnungseigentümern begegnen.

So gelingt Ihnen der optimale Mieterwechsel

Die wichtigsten Punkte und Sonderfälle

Darum geht es: Der Mieterwechsel ist der heikelste Moment für Vermieter und Mietverwalter: Schönheitsreparaturen, Mietkaution, Schadenersatz, Betriebskosten und noch einiges mehr muss nun bedacht werden – und zwar in einer Weise, die Ihnen eine zügige Nachvermietung ermöglicht. Worauf es für Sie beim Mieterwechsel ankommt, lesen Sie hier.

Seite

Streit bei Mietende ist üblich

Der Mieterwechsel ist der heikelste Moment im Mietverhältnis. Wenn Sie den bisherigen Mietvertrag abwickeln und einen neuen anbahnen, lauern viele Fallstricke für Vermieter und Mietverwalter.

Erfahrungsgemäß ist bei Mietende auch der Ton der Mieter rauer, was Sie vielleicht auch schon beobachtet haben: Wer eine Wohnung anmieten möchte, ist oft freundlicher und gesprächsbereiter als derjenige, der aus der Wohnung wieder ausziehen möchte.

Viele der bei einem Mieterwechsel anstehenden Themen sind so komplex, dass Sie in diesem Buch eigene Beiträge zu diesen Themenkomplexen, beispielsweise zu den Schönheitsreparaturen, finden. Dieser Beitrag dient gewissermaßen als Einführung oder auch als „Lexikon“, damit Sie gezielt die Punkte nachschlagen können, die augenblicklich für Sie von Interesse sind.

Die wichtigsten Punkte beim Mieterwechsel

Ein Mietverhältnis kann aus folgenden Gründen enden:

- Kündigung durch den Vermieter oder den Mieter (bzw. durch die Erben im Todesfall)
- Ablauf aufgrund eines Zeitmietvertrags
- Abschluss eines Aufhebungsvertrags

Daneben gibt es Sonderfälle, etwa wenn die Mietpartei aus mehreren Personen besteht und nur ein Vertragspartner aus dem Mietverhältnis ausscheiden will:

- Ein Bewohner einer Wohngemeinschaft zieht aus der Wohnung aus.
- Bereits während des Scheidungsverfahrens hat der Ehemann die Ehewohnung verlassen.
- Der Mieter ist verstorben.

Empfehlenswert: Eine Vorabnahme

Wenn Ihr Mieter das Mietverhältnis gekündigt hat, sollten Sie die Kündigung schriftlich bestätigen und einen Termin zur Vorabnahme der Wohnung oder des Gewerberaums vereinbaren. Wenn Sie Zweifel an der Wirksamkeit einer erhaltenen Kündigung haben, sollten Sie dem sofort nachgehen.

Beispiel 1: In Ihrem Mietobjekt ist ein alleinstehender Mieter verstorben. In diesem Fall wird das Mietverhältnis mit dessen Erben fortgesetzt. Die Erben treten dann anstelle des Verstorbenen in den Mietvertrag mit allen Rechten und Pflichten ein. Ihnen ist aber nicht bekannt, wer Erbe Ihres ehemaligen Mieters ist. Ein angeblicher Verwandter des Verstorbenen kündigt das Mietverhältnis und will die Wohnung räumen. Verlangen Sie, dass er Ihnen einen Erbschein vorlegt. Nur so können Sie sicher sein, dass die Kündigung wirksam ist.

Beispiel 2: Ihre langjährige ältere Mieterin ist nach einem Krankenhausaufenthalt in einem Pflegeheim untergebracht worden. Sie erhalten von der Tochter ein Kündigungsschreiben. Sie sollten darauf bestehen, dass sie eine Vollmacht der Mutter einreicht, aus der hervorgeht, dass deren Tochter berechtigt ist, das Mietverhältnis zu kündigen.

Eine Vorabnahme sollte natürlich auch durchgeführt werden, wenn das Mietverhältnis durch Ihre Kündigung oder aufgrund eines Zeitmietvertrags oder eines Aufhebungsvertrags endet.

● In Ihrem Interesse: Die Vorabnahme

Gemeinsame Feststellungen zum Zustand

Der Zweck einer Vorabnahme liegt darin, rechtzeitig vor dem Auslaufen des Vertrags gemeinsam mit dem Mieter den Zustand der Wohnung oder des Gewerberaums zu überprüfen und z. B. festzustellen, ob bis zur Beendigung des Mietverhältnisses Renovierungs- und Reparaturarbeiten durchzuführen sind.

Tipp: Warten Sie auf keinen Fall bis zur Beendigung des Mietverhältnisses mit der Überprüfung des Zustandes der Wohnung oder des Gewerberaums. Sie können oft durch eine frühe Vorbesichtigung feststellen, ob Ihr Mieter Ihnen die gemieteten Räume in einem vertragsgemäßen Zustand zurückgeben wird. Sind dagegen Schwierigkeiten zu befürchten, haben Sie mehr Zeit, zu reagieren.

Achten Sie bei einer Abnahme immer auf folgende Punkte:

- Schäden
- Renovierungsmängel
- Mietereinbauten

Wichtig. Die Vorabnahme ist nicht mit der (eigentlichen) Wohnungsendabnahme zu verwechseln und macht diese nicht entbehrlich, auch wenn die Wohnung zum Zeitpunkt der Vorbesichtigung „in Ordnung" ist. Dies sollten Sie gegenüber Ihrem Mieter immer deutlich machen.

Schäden und Renovierungsmängel

Normaler Verschleiß geht zulasten des Vermieters

Der Mieter ist aufgrund des Mietvertrags berechtigt, die Mietsache und deren Einrichtungen (z. B. Installationen im Bad und WC, mitvermietete Einbauküche) zu gebrauchen. Damit ist zwangsläufig eine Abnutzung vor allem von Gegenständen mit begrenzter Nutzungsdauer verbunden. So sind z. B. Teppichböden selbst bei sorgfältiger Behandlung und Pflege in der Regel nach spätestens 10 bis 15 Jahren in einem bestehenden Mietverhältnis zu ersetzen.

Die Abnutzung der Mietsache und deren Einrichtungen durch vertragsgemäßen Gebrauch werden durch die Miete abgegolten. Behandelt jedoch Ihr Mieter die Mietsache nicht ordnungsgemäß, so muss er die Ihnen dadurch entstandenen Schäden ersetzen (§ 280 i. V. m. § 535 BGB).

Beispiel 1: Der Teppichboden weist an zahlreichen Stellen Schmutzflecken wegen mangelnder Reinigung auf.

Beispiel 2: Die Badewanne ist mit einem ungeeigneten Mittel gereinigt worden und deshalb erheblich verkratzt.

Beispiel 3: Die Rollladengurte sind durch unsachgemäßen Gebrauch in mehreren Zimmern eingerissen.

Wichtig: Vergessen Sie nicht, neben der eigentlichen Wohnung auch mitvermietete Nebenräume oder Flächen außerhalb der Wohnung wie Keller, Garten, Garage bzw. Stellplatz und auch den Briefkasten auf Beanstandungen zu überprüfen.

Beachten Sie die Rechtsprechung des BGH

Typisch für Schäden bei Mietende sind Renovierungsmängel, insbesondere die pflichtwidrig unterlassene Renovierung. Prüfen Sie dabei zunächst, ob Ihr Mieter überhaupt Schönheitsreparaturen ausführen muss. Voraussetzung hierfür ist dreierlei:

1. Die an den Mieter bei Mietbeginn überlassenen Wohnräume waren renoviert bzw. wiesen nur äußerst geringe Gebrauchsspuren auf (BGH, Urteil v. 18.03.15, Az. VIII ZR 21/13).

2. Die Pflicht des Mieters zur Durchführung von Schönheitsreparaturen ist im Mietvertrag wirksam vereinbart (insbesondere keine „starren Fristen“).

3. Die Renovierungsarbeiten sind objektiv erforderlich.

Liegt nur eine dieser 3 Voraussetzungen nicht vor, müssen Sie im Rahmen Ihrer Instandhaltungspflicht Schönheitsreparaturen selbst erbringen lassen.

Bitte beachten Sie: Kostenquotenklauseln, nach denen der Mieter bei nur kurzeitiger Mietdauer die Reno-

Kostenquotenklauseln sind unwirksam

vierungskosten anteilig auf Grundlage eines Kostenvoranschlages zu tragen hat, sind generell unwirksam. Hierfür ist auch unerheblich, ob der Mieter die Mieträume renoviert oder nicht renoviert bezogen hat (BGH, Urteil v. 18.03.15, Az. VIII ZR 242/13).

Wichtig: Bitte beachten Sie unbedingt die Verjährung. Ihr Schadenersatzanspruch wegen nicht erbrachter Schönheitsreparaturen oder Schäden an der Wohnung oder am Gewerberaum verjährt nämlich bereits in 6 Monaten (§ 548 BGB). Diese Frist beginnt an dem Tag zu laufen, an dem Sie die Wohnung von Ihrem Mieter zurückerhalten haben. Dies gilt auch dann, wenn dieser Tag vor Mietende, also vor Ablauf der Kündigungsfrist liegt (BGH, Urteil v. 27.02.19, Az. XII ZR 63/18). Sie müssen also innerhalb dieses kurzen Zeitraums Ihre Forderung gegenüber Ihrem Mieter gerichtlich geltend machen.

Mietereinbauten

Bauliche Veränderungen nur mit Zustimmung des Vermieters

Grundsätzlich ist Ihr Mieter nicht berechtigt, die Mietsache und deren Einrichtungen dauerhaft zu verändern. Wenn bauliche Veränderungen vorgenommen werden sollen, durch die der Mieter in die Bausubstanz eingreift (Um- und Einbauten oder Installationen), ist hierfür stets Ihre Zustimmung als Vermieter erforderlich. Zur Erteilung dieser Zustimmung können Sie verpflichtet sein, wenn die bauliche Veränderung dem Zweck dient, zugunsten eines behinderten Mieters Barrierefreiheit herzustellen (§ 554a BGB).

Hat der Mieter Einbauten ohne Ihre Zustimmung vorgenommen, so ist er verpflichtet, sie auf seine Kosten bis zur Rückgabe der Mietsache zu entfernen (§ 546 BGB)). Dies gilt auch für den Fall, dass die Zustimmung für den Einbau erteilt worden ist, ohne dass eine anderweitige Vereinbarung für den Fall der Beendigung des Mietverhältnisses getroffen worden ist (LG Bochum, Urteil v. 22.02.19, Az. 10 S 26/18).

Beispiel: Sie haben Ihrem Mieter gestattet, den in der Wohnung vorhandenen, fest verlegten Teppichboden zu entfernen und durch einen Parkettboden zu ersetzen. Es fehlt eine Regelung, dass der Parkettboden mit der Beendigung des Mietverhältnisses von Ihrem Mieter rückstandsfrei entfernt werden muss.

Mieter muss seine Einbauten entfernen

Ihr Mieter ist zur Entfernung von Einbauten, die er während der Mietzeit vorgenommen hat, nicht nur verpflichtet, sondern grundsätzlich auch dazu berechtigt. Es kann aber sein, dass Sie daran interessiert sind, dass bestimmte Mietereinbauten in der Wohnung verbleiben, weil dadurch der Wert gesteigert und so die Weitervermietung verbessert wird.

Beispiel: Ihr Mieter hat eine geschmackvolle und sich vortrefflich einfügende Einbauküche eingebaut. Bei Abschluss des Mietvertrags stand in der Küche nur eine Spüle. Außerdem hat Ihr Mieter im Wohnzimmer Bodenfliesen verlegen lassen, die den Wohnwert erhöhen.

Entschädigung zum Zeitwert

Der Gesetzgeber sieht deshalb in solchen Fällen vor, dass Sie gegen Entschädigung zum Zeitwert verlangen können, dass Mietereinbauten in der Wohnung verbleiben, wenn nicht der Mieter ein besonderes Interesse hat, diese auszubauen und mitzunehmen (§§ 539, 552 BGB).

Beispiel: Sie verlangen von Ihrem Mieter, dass der Parkettfußboden in der Wohnung verbleibt. Im Gegenzug erstatten Sie ihm den Zeitwert auf der Basis einer Schätzung durch einen Fachbetrieb.

Abnahmeprotokoll

Halten Sie das Ergebnis der Vorabnahme schriftlich fest. Hierfür können Sie als Grundlage ein Wohnungsabnahmeprotokoll verwenden und anstelle der Bezeichnung „Wohnungsabnahmeprotokoll“ den Begriff „Vorabnahmeprotokoll“ einsetzen.

Das Vorabnahmeprotokoll sollte möglichst vom Mieter mit unterzeichnet werden. Zwingen können Sie ihn – wie auch bei der Protokollierung der späteren Endabnahme – dazu aber natürlich nicht.

Schäden am Gemeinschaftseigentum

Tipp: Auch wenn es aufwändig ist, machen Sie sich die Mühe, detailliert die Punkte schon im Vorabnahmeprotokoll im Einzelnen durchzugehen (z. B. ob die Rollladengurte in jedem Zimmer Mängel aufweisen oder nicht). Sie ersparen Sich damit spätere Beweisschwierigkeiten für den Fall, dass Ihr Mieter die Arbeiten nicht, nicht vollständig oder nur unzureichend durchführt.

Von dem Ergebnis der Vorabnahme hängt ab, wie Sie nun reagieren sollten:

- Muss Ihr Mieter Schönheitsreparaturen durchführen, müssen Sie ihm konkret schriftlich mitteilen, welche Arbeiten er auszuführen hat. Sie können auch das Vorabnahmeprotokoll mit übersenden und darauf verweisen.
- Sind Schäden vorhanden, so sollten Sie diese ebenfalls konkret benennen und deren Beseitigung fordern.
- Hat Ihr Mieter Einbauten vorgenommen, dann teilen Sie ihm genau mit, ob diese entfernt werden sollen oder ob Sie einen Verbleib in den Mieträumen gegen Ersatz des Zeitwerts verlangen.

Mieter muss Wohnung vertragsgemäß zurückgeben

Wenn eine wirksame Vereinbarung vorliegt, muss Ihr Mieter spätestens bis zur Beendigung des Mietverhältnisses die erforderlichenSchönheitsreparaturen fachgerecht selbst auszuführen oder ausführen zu lassen. Für den in der Praxis häufigen Fall aber, dass die Arbeiten nicht oder zumindest nicht ordnungsgemäß erbracht werden, haben Sie bereits nach der Vorabnahme die Möglichkeit, Ihren Mieter zur Durchführung der Schönheitsreparaturen aufzufordern und ihm eine sogenannte Nachfrist zu setzen.

Die Nachfrist hängt vom Einzelfall ab und sollte nicht zu knapp bemessen werden (etwa 10 bis 14 Tage). Sie kann jedoch frühestens mit Beendigung des Mietverhältnisses beginnen. Eine solche Formulierung kann lauten:

Für den Fall, dass Sie die oben genannten Arbeiten nicht bis zur Beendigung des Mietverhältnisses am … durchführen, setze ich eine Nachfrist bis zum …

Eine Fristsetzung ist grundsätzlich immer notwendig, nur bei Beschädigungen der Mieträume über die übliche Nutzung hinaus ist diese Frist entbehrlich (BGH, Urteil v. 28.02.18, Az. VIII ZR 157/17). Nach Ablauf der Frist können Sie wählen, ob Sie weiter die Durchführung der Schönheitsreparaturen verlangen oder Schadensersatz in Höhe der Kosten, die für die Erledigung der Arbeiten, in der Regel durch einen von Ihnen beauftragten Fachbetrieb, entstehen.

Altverträge gelten fort

Bitte beachten Sie: In Mietverträgen, die vor dem 1.1.2003 abgeschlossen wurden, finden sich oft Klauseln, wonach ein Schadensersatzanspruch nicht nur von einer Fristsetzung, sondern zusätzlich auch einer Ablehnungsandrohung abhängt. Dies entspricht der früheren Rechtslage und ist als vertragliche Vereinbarung weiterhin gültig. Im oben genannten Beispiel ist dann folgender Satz hinzuzufügen:

Nach Ablauf dieser Frist lehne ich die Durchführung der Schönheitsreparaturen durch Sie ab.

In diesem Fall haben Sie gegenüber Ihrem Ex-Mieter nur noch einen Schadenersatzanspruch und können von ihm nicht mehr die Arbeiten verlangen.

Die Wohnungsabnahme

Wenn Ihr Mieter die gemieteten Räume an Sie zurückgibt, wozu er spätestens am letzten Tag des Ablaufs der Kündigungsfrist verpflichtet ist, sollten Sie nach Möglichkeit in dessen Anwesenheit die (eigentliche) Abnahme durchführen. Die Anwesenheit des Mieters und die gemeinsame Dokumentation des Zustands der Wohnung oder des Gewerberaums ist sinnvoll, weil Sie im Fall eines Rechtsstreits beweisen müssen, welche Schäden vorhanden sind.

Tipp: Sie sollten auch überprüfen, ob während des Auszugs von Ihrem Mieter oder von Mitarbeitern einer von ihm beauftragten Spedition bzw. von Umzugshelfern das Treppenhaus (insbesondere Wände, Bodenbelag, Türen) beschädigt worden ist. Handelt es sich gegebenenfalls um Gemeinschaftseigentum einer Wohnungseigentümergemeinschaft, so hat dann diese einen Schadensersatzanspruch gegen den (Ex-)Mieter.

Wenn Sie die Vorabnahme gründlich durchgeführt und protokolliert haben, ist erfahrungsgemäß bei der Endabnahme nicht mehr mit neuen Beanstandungen und Schäden zu rechnen. Dennoch sollten Sie auch die Endabnahme sorgfältig durchführen und ein Wohnungsabnahmeprotokoll erstellen. Hier bietet sich ein Wohnungsabnahmeprotokolls an.

Sichern Sie Beweise durch Zeugen

Ist Ihr Mieter bei der Abnahme nicht anwesend oder ist zu erwarten, dass sich Ihr Mieter weigert, das Protokoll mit zu unterzeichnen, weil er das Vorliegen von Schäden oder die Notwendigkeit von Schönheitsreparaturen bestreitet, sollten Sie vorsorglich Zeugen (möglichst keine Angehörigen, sondern besser z. B. Nachbarn) hinzuziehen und den Zustand der Mieträume auch durch Fotos festhalten. Die Zeugen sollten das Abnahmeprotokoll auch sofort unterschreiben.

Im Hinblick auf noch abzurechnende Betriebskosten sollten Sie bereits während der Abnahme auch die Zählerstände (Strom, Gas, Wasser) ablesen. Ein Wohnungsabnahmeprotokoll sieht eine entsprechende Möglichkeit des Eintrags vor.

Schlüsselrückgabe und neue Adresse

Ihr Mieter ist verpflichtet, Ihnen sämtliche Schlüssel zurückzugeben, auch diejenigen, die er – mit oder ohne Ihre Zustimmung – während des Mietverhältnisses nachgemacht hat. Wenn Sie allerdings Ihrem Mieter die Kosten der von ihm nachgemachten Schlüssel nicht erstatten wollen, kann er diese vor Ihren Augen unbrauchbar machen und so eine Ersatzpflicht vermeiden.

Mieter haftet bei Verlust der Schlüssel

Hat Ihr Mieter Schlüssel verloren und kann sie deshalb nicht zurückgeben, können Sie von ihm grundsätzlich Ersatz der Kosten für den Austausch des Schlosses und die Neubeschaffung der notwendigen Haustürschlüssel sämtlicher Hausbewohner verlangen. Voraussetzung hierfür ist, dass ein Betreten des Hauses bzw. der Wohnung durch unbefugte Dritte, die im widerrechtlichen Besitz dieser Schlüssel sind, möglich ist (BGH, Urteil v. 05.03.14, Az. VIII ZR 205/13).

Beispiel: Der Mieterin ist die Handtasche mit Schlüsselbund entwendet worden. Wenn die Adresse in Erfahrung gebracht werden kann, ist der unbefugte Gebrauch der Schlüssel möglich.

Tipp: Vergessen Sie nicht, sich bei der Endabnahme die neue Adresse Ihres bisherigen Mieters geben zu lassen. Diese benötigen Sie auf jeden Fall für die Zusendung der Kautionsabrechnung und der noch zu erstellenden Betriebskostenabrechnung.

Mietrückstände

Möglich ist natürlich, dass Sie das Mietverhältnis wegen Zahlungsverzugs Ihres Mieters gekündigt haben und Ihr Mieter ohne Räumungsklage auszieht, aber die Mietrückstände nicht beglichen werden. Die sechsmonatige Verjährungsfrist nach dem BGB besteht hier nicht. Vielmehr verjähren solche Ansprüche in drei Jahren, beginnend mit dem Schluss des Jahres, in dem der jeweilige Anspruch entstanden ist (§ 195, 199 BGB).

Abrechnung und Betriebskosten

Gesetzlich ist nicht geregelt, innerhalb welchen Zeitraums Sie Ihrem bisherigen Mieter die Mietkaution zurückzahlen müssen, wenn keine Forderungen aus dem Mietverhältnis mehr bestehen (Mietrückstände, Schadensersatz wegen nicht erbrachter Schönheitsreparaturen und Schäden).

Keine Frist zur Abrechnung der Kaution

Nach der Rechtsprechung wird verlangt, dass Sie innerhalb eines „angemessenen Zeitraums" über die Kaution abrechnen müssen (BGH, Urteil v. 20.07.16, Az. VIII ZR 263/14). Es kommt hier auf die Umstände des Einzelfalles an. Wenn keine Forderungen mehr bestehen, sollten Sie die Kaution innerhalb von 2 bis 3 Monaten nach Ende des Mietverhältnisses an Ihren Mieter einschließlich der erzielten Zinsen zurückzahlen.

Mietkaution sichern auch künftige Betriebskosten

Wenn noch eine Nachforderung aus einer anstehenden Betriebskostenabrechnung zu erwarten ist, dürfen Sie einen angemessenen Betrag von der Kaution zurückbehalten (BGH, Urteil v. 18.01.06, Az. VIII ZR 71/05). Als Orientierung dienen dabei die letzte Betriebskostenabrechnung und in der Zwischenzeit erfolgte Preissteigerungen.

Keine Pflicht zur vorzeitigen Abrechnung

Viele Mieter wünschen bei Mietende sofort eine Betriebskostenabrechnung, vor allem, wenn sie ein Guthaben erwarten. Jedoch: Sie sind nicht verpflichtet, eine separate Betriebskostenabrechnung durchzuführen, wenn ein Mietverhältnis bereits vor Ablauf der Abrechnungsperiode endet (§ 556 Abs. 3 BGB). Dies wird in der Regel auch gar nicht möglich sein, weil Ihnen zu dem Zeitpunkt nicht die entsprechenden Abrechnungsbelege vorliegen und Schätzungen grundsätzlich nicht zulässig sind.

Die Abrechnung der Betriebskosten Ihres ehemaligen Mieters erfolgt daher im Rahmen der Erstellung der Betriebskostenabrechnung für alle Mieter in dem betreffenden Jahr.

Es gilt die turnusgemäße Abrechnung

Beispiel: Ein Mietvertrag in Ihrem Objekt endet am 30. Juni. Sie rechnen aber, was in der Praxis der Regelfall ist, die Betriebskosten für die Zeit vom 1. Januar bis zum 31. Dezember ab. Die Abrechnung der anteiligen Nebenkosten Ihres ehemaligen Mieters für die Zeit vom 1. Januar bis zum 30. Juni erfolgt also im Rahmen der Betriebskostenabrechnung für das gesamte Jahr.

Sonderfälle des Mieterwechsels

● Auszug eines Mieters aus der Wohnung

In der Praxis kommt es häufig vor, dass mehrere Personen einen Mietvertrag unterschrieben haben. Neben Ehepartnern oder nichtehelichen Lebensgemeinschaften sowie eingetragenen gleichgeschlechtlichen Lebenspartnerschaften nach dem Lebenspartnerschaftsgesetz zählen hierzu auch Wohngemeinschaften.

Alle Mieter müssen kündigen

In solchen Fällen ist zu beachten, dass eine Kündigung nur durch alle Vertragspartner, d. h. beispielsweise alle Mieter erfolgen kann, es sei denn, Sie sind damit einverstanden, dass ein einzelner Mieter aus dem Mietverhältnis ausscheidet und das Mietverhältnis mit den verbleibenden Mietern fortgesetzt wird.

● Sonderfall: Stellung eines Nachmieters

Es kommt häufig vor, dass Ihr Mieter einen Interessenten für die Wohnung vorschlägt, um vorzeitig aus dem Vertrag zu kommen. Sie sind grundsätzlich aber nicht verpflichtet, diesen Mieter zu akzeptieren (BGH, Urteil v. 22.01.03, Az. VIII ZR 244/02). Eine Ausnahme kann aber vor allem im Bereich des Gewerberaummietrechts bestehen, wenn eine lange Kündigungsfrist einzuhalten ist.

In solchen Fällen kann sich unter Umständen für Sie die Verpflichtung ergeben, einen Nachmieter zu akzeptieren und Ihren bisherigen Mieter aus dem Vertrag zu entlassen. Bei kurzen Kündigungsfristen, d. h. im Bereich des Wohnraummietrechts von 3 Monaten für den Mieter, kommt dies aber durchweg nicht in Betracht.

Gerichtliche Wohnungszuweisung nach der Scheidung

Das Gericht weist die Wohnung zu ...

Im Fall einer Scheidung – und sogar schon Einleitung eines Scheidungsverfahrens (§ 1361b BGB) – hat das Gericht die Möglichkeit, einem Ehegatten allein die Mietwohnung zuzuweisen, wenn keine Einigung zwischen den Beteiligten erzielt werden kann. Diese Maßnahme ist allerdings nicht zur Vorbereitung einer Scheidung gedacht, so dass der bloße Wunsch der Ehepartner, künftig getrennt zu leben, für eine richterliche Zuweisung nicht ausreicht. Voraussetzung für eine Zuweisung ist vielmehr, dass das weitere Zusammenleben für einen der Ehepartner eine „unbillige Härte" darstellt. Als Vermieter sind Sie ebenfalls im rechtlichen Sinn Beteiligter des Verfahrens.

... auch schon vor der Scheidung

Die Entscheidung des Gerichts ist dann auch für Sie als Vermieter verbindlich, so dass Ihre Zustimmung zu einer Vertragsänderung in diesem Sonderfall nicht erforderlich ist.

Das Gericht kann aber auch Regelungen treffen, um Ihre wirtschaftlichen Interessen als Vermieter zu berücksichtigen. So kann festgelegt werden, dass z. B. der Ehepartner, der aufgrund der gerichtlichen Entscheidung aus dem Mietverhältnis entlassen wird, während eines bestimmten Zeitraums für Ihre Ansprüche als Vermieter mithaftet. Sie sollten während des Verfahrens einen solchen Antrag stellen.

Kündigung eines Mieters unter Betreuung

Das Gesetz sieht vor, dass Personen vom Vormundschaftsgericht einen sogenannten Betreuer erhalten, wenn sie wegen Krankheit oder Behinderung bestimmte eigene Angelegenheiten nicht mehr selbst regeln können. In deren Interesse können sie dann weder allein noch zusammen mit ihrem Betreuer den Mietvertrag für ihre Wohnung kündigen oder einen Aufhebungsvertrag abschließen.

Gericht muss Kündigung genehmigen

Wenn Ihr Mieter in solchen Fällen beispielsweise in ein Pflegeheim umzieht und der Betreuer den Mietvertrag kündigt, müssen Sie darauf achten, dass die Genehmigung des Vormundschaftsgerichts vorliegt, weil sonst die Kündigung unwirksam wäre.

Modernisierung während des Leerstands

Höhere Neuvertragsmiete

Wenn Ihre Wohnung erheblich renovierungsbedürftig ist, kann es sinnvoll sein, mit der Neuvermietung bis zum Mietende zu warten. Die Durchführung größerer Instandhaltungs- und Modernisierungsmaßnahmen ist für Mieter häufig mit erheblichen Belastungen verbunden und berechtigt diese grundsätzlich auch zu Mietminderungen. Baumaßnahmen, die ohnehin in der Zukunft anstehen und für die Sicherung der Vermietbarkeit oder die Erhöhung der Rentabilität erforderlich sind, sollten dann von Ihnen vorgezogen werden.

Nach einer solchen Modernisierung können Sie, wenn die individuelle Vermietungssituation es zulässt, auch bereits zu Mietbeginn eine erhöhte Miete vereinbaren, ggf. auch über die Mietpreisbremse hinaus (§ 556e BGB). Sie wären auch nicht gezwungen, ein Mieterhöhung aufgrund einer Modernisierungsmaßnahme nach den Vorschriften des Bürgerlichen Gesetzbuchs durchzuführen und dabei die einzelnen Arbeiten mit den dabei entstandenen Kosten zu erläutern.

Ihr Besichtigungsrecht und Fragerecht

Bereits während des auslaufenden Mietverhältnisses können Sie von Ihrem Mieter verlangen, dass er Ihnen gestattet, mit Mietinteressenten die Wohnung zu besichtigen. Sie müssen die Besichtigung aber vorher ankündigen. Dafür sind nach der Rechtsprechung in der Regel 24 Stunden ausreichend. Um Streit zu vermeiden, sollten Sie aber auf Ihren Mieter Rücksicht nehmen und insbesondere dessen Arbeitszeit berücksichtigen, indem Sie ggf. die Besichtigung länger ankündigen.

Turnusgemäße Besichtigung unwirksam

Bitte beachten Sie: Demgegenüber sind Sie nicht berechtigt, ohne Grund die Besichtigung der Mietwohnung zu verlangen. Deshalb ist eine Klausel im Mietvertrag, die dem Vermieter die turnusgemäße Besichtigung alle paar Jahre gestattet, unwirksam (BGH, Urteil v. 04.06.14, Az. VIII ZR 289/13).

Um Risiken hinsichtlich späterer Mietausfälle zumindest zu verringern, sollten Sie jedem Mietinteressenten solche Fragen stellen, die Ihnen zumindest Rückschlüsse auf die derzeitige wirtschaftliche Situation Ihres möglichen Vertragspartners ermöglichen. Es ist aber nicht konkret gesetzlich geregelt, welche Fragen Sie stellen dürfen bzw. in welchen Fällen dadurch das allgemeine Persönlichkeitsrecht des Mietinteressenten verletzt ist. Klar ist aber, dass Sie nach dem Allgemeinen Gleichbehandlungsgesetz (AGG) keinen Mieter aufgrund seiner ethnischen Herkunft ablehnen dürfen.

Kündigung bei Täuschung durch den Mieter

Wenn Ihr Mieter zu einer zulässigen Frage falsche Angaben macht, können Sie unter Umständen später den Mietvertrag anfechten und so das Mietverhältnis ohne Vorliegen von Kündigungsgründen beenden. Erschleicht sich der Mieter den Mietvertrag gar, indem er gefälschte Dokumente vorlegt, dürfen Sie ihm fristlos kündigen (BGH, Urteil v. 09.04.14, Az. VIII ZR 107/13).

Eine unzulässige Frage darf Ihr Mieter dagegen sogar falsch beantworten, ohne dass dies Folgen für das Mietverhältnis hat („Recht zur Lüge"). Dazu gehört insbesondere der Bereich der Privatsphäre (Krankheiten, Behinderung, Schwangerschaft, Mitgliedschaft in Vereinen und Parteien etc.).

Falsche Auskunft bei unzulässigen Fragen folgenlos

Tipp: Wenn Sie, nicht nur aufgrund der Angaben im Mieterfragebogen, Zweifel an der Zahlungsfähigkeit Ihres Mietinteressenten haben, sollten Sie von ihm verlangen, dass er eine Schufa-Selbstauskunft vorlegt. Auch sollten Sie vom Mietinteressenten eine Bescheinigung des bisherigen Vermieters darüber erbitten, dass keine Mietschulden bestehen. Zwar sind Vermieter zu einer solchen Bescheinigung nicht verpflichtet (BGH, Urteil v. 30.09.09, Az. VIII ZR 238/08), hierzu aber oft gern bereit.

Abschluss des neuen Mietvertrags

Tipp: Haben Sie schließlich einen geeigneten Nachmieter gefunden, steht der Abschluss des Mietvertrags an. Achten Sie bei Vorlagen für die Wohn- und Gewerberaumvermietung, dass diese anwaltsgeprüft sind und fortlaufend an die aktuelle Rechtsprechung angepasst sind, denn bei rund 10 BGH-Urteilen im Jahr zum Wohnraummietrecht ändert sich die Rechtslage fortlaufend. Nur mit einem aktuellen Vordruck sind Sie deshalb auf der (rechts-)sicheren Seite.

Nur aktuelle Vordrucke verwenden

Wohnungsübergabeprotokoll

Tipp: Halten Sie bei der Neuvermietung im Übergabeprotokoll genau fest, welche Gegenstände zu der Wohnung gehören. So vermeiden Sie bei der späteren Rückgabe Unklarheiten. Bei der Vermietung einer Wohnung empfehlen wir ein Wohnungsübergabeprotokoll.

Vereinbarungen zwischen Vor- und Nachmieter

Oft ist der neue Mieter daran interessiert, bestimmte Einbauten des Vormieters zu übernehmen oder legt auf eine erforderliche allgemeine Neutapezierung keinen Wert, weil er sehr individuelle Vorstellungen hat.

Beispiel 1: Der Vormieter hat die Wohnung mit einem Parkettfußboden ausgestattet. Der Nachmieter ist nicht daran interessiert, dass der Vormieter, wie bei dessen Einzug vorhanden, wieder einen Teppichboden verlegen lässt.

Beispiel 2: Aufgrund des Mietvertrages ist der Vormieter nach langer Wohndauer verpflichtet, die Wohnung neu zu tapezieren. Der Nachmieter wünscht aber nicht, dass die Wohnung dann – wie vom Vermieter verlangt – weiße Raufasertapeten erhält.

Beispiel 3: Ihr Interessent für eine Gewerbeeinheit möchte die vom Vormieter eingebaute und gut erhaltene Kühlanlage übernehmen.

Wie auch entschieden wird: Wichtig ist für Sie, dass Sie es nicht dem Vormieter und dem Nachmieter überlassen, in welchem Zustand die Mietsache übergeben wird. Es besteht sonst für Sie als Vermieter die Gefahr, dass Sie z. B. eine vom Vormieter eingebaute Anlage auf Ihre Kosten reparieren lassen müssen.

Schließen Sie Ihre Haftung aus

Halten Sie deshalb auf jeden Fall im Übergabeprotokoll, d. h. gegenüber Ihrem Nachmieter, solche Vereinbarungen fest, und schließen Sie als Vermieter oder Verpächter vorsorglich die Gewährleistung für übernommene Einbauten des Vormieters aus.

In einem Wohnungsübergabeprotokoll bietet sich dafür die Rubrik „Zusätzliche Feststellungen“ an. Es könnte folgende Formulierung gewählt werden:

Der Mieter übernimmt vom Vormieter die vorhandene Kühlanlage der Marke ... mit der Nummer ... Die Anlage ist nicht Bestandteil des Mietvertrags. Der Vermieter übernimmt keine Gewährleistung. Auf Verlangen des Vermieters hat der Mieter die Anlage bei Beendigung des Mietverhältnisses auf eigene Kosten zu entfernen. Im Übrigen gelten die gesetzlichen Bestimmungen.

Betriebskosten und Leistungspflichten bei Leerstand

Kosten des Leerstands trägt der Vermieter

Sofern Ihre Wohnung oder Ihre Gewerbeeinheit nicht unmittelbar im Anschluss an die Beendigung des bisherigen Mietvertrags weitervermietet wird, müssen Sie die Betriebskosten während des Leerstands für diese Einheit selbst tragen und dürfen diese Kosten nicht auf die übrigen Mieter des Objekts umlegen (BGH, Urteil v. 08.01.13, Az. VIII ZR 180/12). Auch anteilige Leistungen, die die Mieter ggf. selbst erbringen müssen, wie die Haus- und Wegereinigung, müssen während dieser Zeit anteilig von Ihnen erbracht werden.

Ihr Vorteil: Auch bei Wohnungsleerständen dürfen Sie aber die Kosten für Warmwasser und Heizung anteilig nach Verbrauch verteilen – bei vollständiger Kostenverteilung nach Fläche würden Sie wegen des Leerstands auf deutlich mehr Kosten sitzen bleiben (BGH, Urteil v. 10.12.14, Az. VIII ZR 9/14).

Checkliste: Daran sollten Sie beim Mieterwechsel denken

Darauf müssen Sie bei Ihrem Vormieter achten	☑
Liegt eine wirksame Beendigung des Mietverhältnisses vor (Kündigung, Auslaufen eines Zeitmietvertrags, Aufhebungsvertrag)?	☐
Haben Sie die Mieterkündigung schriftlich bestätigt?	☐
Haben Sie mit Ihrem Mieter einen Vorabnahmetermin vereinbart?	
Haben Sie während der Vorabnahme auf folgende Punkte geachtet:	
▷ Schäden an der Wohnung?	☐
▷ Renovierungsmängel?	☐
▷ Mietereinbauten?	☐

Darauf müssen Sie bei Ihrem Vormieter achten	☑
Haben Sie bedacht, dass der Mieter trotz wirksamer Klausel Schönheitsreparaturen nun leisten muss, wenn er die Mieträume selbst renoviert erhielt?	☐
Sind die Einzelheiten der Vorabnahme schriftlich festgehalten?	☐
Sollen bestimmte Mietereinbauten in der Wohnung verbleiben?	☐
Haben Sie Ihrem Mieter das Ergebnis der Vorabnahme schriftlich mitgeteilt (ggf. ganz konkret die vorzunehmenden Schönheitsreparaturen)?	☐
Enthält das Schreiben eine Nachfrist?	☐
Haben Sie ggf. Zeugen für die Abnahme? Können Sie den Zustand der Mietsache durch ein Abnahmeprotokoll und Fotos dokumentieren?	☐
Sind bei der Abnahme auch die Zählerstände abgelesen worden?	☐
Haben Sie alle Schlüssel zurückerhalten?	☐
Ist Ihnen die neue Adresse Ihres bisherigen Mieters bekannt?	☐
Haben Sie Ihre Forderungen gegenüber Ihrem ehemaligen Mieter aus nicht erbrachten Schönheitsreparaturen und Schäden innerhalb der kurzen Verjährungsfrist geltend gemacht?	☐
Können Sie die Mietkaution vollständig innerhalb von 2 bis 3 Monaten nach Beendigung des Mietverhältnisses auszahlen?	☐
Sollen vor der Neuvermietung Instandhaltungsund Modernisierungsarbeiten durchgeführt werden?	☐
Haben Sie Ihrem Mietinteressenten einen Fragebogen mit Angaben zur Person und zu den Vermögensverhältnissen vorgelegt?	☐
Bei Zweifeln an der Zahlungsfähigkeit Ihres Mietinteressenten: Haben Sie eine Schufa-Selbstauskunft und eine Mietschuldenfreiheitsbescheinigung des Vorvermieters verlangt?	☐
Haben Sie vor der Übergabe der Mieträume an Ihren Mieter den Mietvertrag schriftlich abgeschlossen?	☐
Ist der Zustand der Wohnung oder des Gewerberaums im Wohnungsübergabeprotokoll genau festgehalten?	
Ist der Nachmieter an der Übernahme bestimmter Mietereinbauten des Vormieters interessiert?	☐
Ist eine eventuelle Neutapezierung durch den Vormieter auf Wunsch des Nachmieters entbehrlich?	☐
Wenn ja: Haben Sie im Übergabeprotokoll die Gewährleistung für Mietereinbauten des Vormieters ausgeschlossen?	☐

Mieterhöhung: So vereinbaren Sie sicher Staffel- und Indexmiete

Wägen Sie für Ihren Mietvertrag die Vor- und Nachteile sorgsam ab

Darum geht es: Viele Vermieter und Mietverwalter sind sich nicht bewusst, dass sie selbst Mieterhöhungsmöglichkeiten vereinbaren können. Diese haben gegenüber den gesetzlichen Mieterhöhungsmöglichkeiten – wegen gestiegenen Ortsniveaus und nach erfolgter Modernisierung – sogar viele Vorteile, teils aber auch Nachteile. Worauf es für Sie entscheidend ankommt, lesen Sie in diesem Beitrag.

Seite

Wenn Sie Ihr Recht auf Mieterhöhung nicht mietvertraglich vereinbaren, dürfen Sie die Miete nach dem Gesetz erhöhen: wegen gestiegener ortsüblicher Vergleichsmiete und wegen durchgeführter Modernisierung. Diese beiden Mieterhöhungsverfahren sind jedoch recht kompliziert und für Vermieter fehleranfällig. Deutlich leichter haben Sie es, wenn Sie die Mieterhöhung schon im Vertrag vereinbaren – entweder eine Staffelmiete oder eine Indexmiete. Dieser Beitrag zeigt Ihnen, welche Voraussetzungen und welche Vor- und Nachteile beide Varianten haben.

Die Staffelmiete

Staffelmiete = vorweggenommene Mieterhöhung

Als Staffelmiete wird eine Vereinbarung bezeichnet, wonach Mieterhöhungen von vornherein für bestimmte Zeiträume eintreten sollen. Die Staffelmiete stellt also eine schon bei Vertragsabschluss vorweggenommene Mieterhöhung dar. Gesetzlich geregelt ist die Staffelmiete in § 557a BGB. Nach dieser Vorschrift kann für eine beliebige Dauer eine vom Mieter zu zahlende Miete im Voraus bestimmt und vereinbart werden.

Vorteile einer Staffelmietvereinbarung für den Vermieter

Erhöhung ohne Zustimmung des Mieters

Für Sie als Vermieter bietet eine Vereinbarung über eine Staffelmiete gegenüber anderen gesetzlichen Möglichkeiten zur Mieterhöhung gleich mehrere Vorteile. Sie kennen das vielleicht: Sie wollen im laufenden Mietverhältnis die Miete erhöhen – beispielsweise um sie an das allgemeine Mietniveau anzupassen oder auch im Zuge einer Modernisierung – und Ihr Mieter weigert sich, diese Mieterhöhung anzuerkennen.

Eine Mieterhöhung bis zur ortsüblichen Vergleichsmiete, wie sie das Gesetz in § 558 BGB vorsieht, erfordert regelmäßig einen größeren Begründungsaufwand für Sie als Vermieter. Dies gilt insbesondere dann, wenn Sie keine Möglichkeit haben, kostengünstig die ortsübliche Vergleichsmiete zu ermitteln, weil es zum Beispiel in Ihrer Gemeinde keinen Mietspiegel und kaum Vergleichswohnungen gibt. Zudem führt ein solches Erhöhungsverlangen nicht selten zu einer langwierigen gerichtlichen Auseinandersetzung mit aufwendigen Gutachten hinsichtlich der Ortsüblichkeit der Miete. Oft endet ein solcher Rechtsstreit in einem gerichtlichen Vergleich. Wenn Sie als Vermieter nicht rechtsschutzversichert sind, müssen Sie dann die anteiligen Anwalts- und Gerichtskosten bezahlen.

Staffelmiete vermeidet Streitigkeiten

Um dieser Problematik von vornherein aus dem Weg zu gehen, empfiehlt sich der Abschluss von Staffelmietverträgen. Entscheidender Vorteil ist, dass sich die Parteien einvernehmlich auf eine vertraglich garantierte Mieterhöhung einigen. Ihr Mieter kennt somit schon bei Abschluss des Vertrags die Miethöhe der nächsten Jahre. Streitigkeiten über die Miethöhe können Sie daher für längere Zeit vermeiden – schließlich hat er die regelmäßigen Mieterhöhungen akzeptiert. Eine Staffelmietvereinbarung bringt daher für Sie und für Ihren Mieter Planungssicherheit.

Staffelmiete ist einfach durchsetzbar

Ein weiterer Vorteil ist die relativ einfache gerichtliche Durchsetzbarkeit der erhöhten Miete falls Ihr Mieter sich weigern sollte, die erhöhte Miete entsprechend der Staffelmietvereinbarung zu zahlen. Ist die Staffelmiete wirksam vereinbart worden, steht einer Klage gegen den säumigen Mieter in der Regel nichts im Weg. Etwaig anfallende Rechtsanwalts- und Gerichtskosten hat Ihr Mieter unter dem Gesichtspunkt des Zahlungsverzugs zu übernehmen.

Staffelmiete kann ortsübliche Vergleichsmiete übersteigen

Ebenfalls positiv: Bei der eben erwähnten Mieterhöhung bis zur ortsüblichen Vergleichsmiete nach § 558 BGB können Sie die Miete nur bis zu dieser Grenze erhöhen. Es ist daher zu empfehlen, gleich zu Beginn des Mietverhältnisses eine Staffelmietvereinbarung mit einer jährlich steigenden Miete abzuschließen, denn diese kann im Laufe der Zeit sogar über der ortsüblichen Vergleichsmiete liegen. Solange keine unzulässige Mietpreisüberhöhung oder ein Verstoß gegen die „Mietpreisbremse" vorliegt, ist dies auch unproblematisch (mehr hierzu weiter unten).

Was bei einer Staffelmietvereinbarung zu beachten ist

Bei Wohnraummietverhältnissen unterliegt die Vereinbarung einer Staffelmiete bestimmten Einschränkungen, auf die Sie achten müssen.

Zeitpunkt der Vereinbarung

Staffelmiete zu Beginn festlegen

Staffelmietvereinbarungen können sowohl beim Abschluss eines Wohnraummietvertrags als auch zu einem späteren Zeitpunkt abgeschlossen werden. Wenn Sie allerdings mit dem Mieter eine Staffelmiete vereinbaren wollen, sollten Sie dies jedoch gleich zu Beginn im Mietvertrag festhalten.

Spätere Vereinbarung aber möglich

Grundsätzlich können Sie auch nach Abschluss des Mietvertrags noch eine Staffelmiete vereinbaren. Im Gegensatz zur Mieterhöhung bis zur ortsüblichen Vergleichsmiete nach § 558 BGB ist es bei einer Staffelmietvereinbarung nicht erforderlich, dass die Miete seit der letzten Mieterhöhung ein Jahr unverändert geblieben ist. Sie haben dann in der Regel aber eine schlechtere Verhandlungsposition als zu Beginn des Mietverhältnisses. Weigert sich Ihr Mieter eine Staffelmietvereinbarung zu akzeptieren, bleibt Ihnen nur der mühsame Weg, ein Schreiben mit einem Mieterhöhungsverlangen an Ihren Mieter zu richten.

Vereinbarung der Staffelmiete nur schriftlich

Halten Sie aus Gründen der Beweissicherung grundsätzlich alle Absprachen und Vereinbarungen mit Ihrem

Mieter schriftlich fest. Wichtig ist dies insbesondere dann, wenn es später mit Ihrem Mieter zu einer (gerichtlichen) Auseinandersetzung kommen sollte.

E-Mail oder Fax genügen nicht

Bei der Vereinbarung einer Staffelmiete schreibt das Gesetz ohnehin die Schriftform zwingend vor (§ 557a Abs. 1 BGB). Schriftform bedeutet, dass die Urkunde von beiden Vertragspartnern oder ihren Vertretern eigenhändig durch Namensunterschrift unterzeichnet werden muss. Mündliche oder stillschweigende Staffelmietvereinbarungen sind daher von vornherein nicht möglich. Achtung: Auch eine E-Mail genügt den Erfordernissen der Schriftform nicht. Mit anderen Worten: Es reicht nicht, wenn Sie Ihrem Mieter per E-Mail eine Staffelmietvereinbarung vorschlagen und dieser ebenfalls per E-Mail seine Zustimmung erteilt. Gleiches gilt für den Schriftverkehr per Telefax.

Keine Prozentsätze in Staffelmietvereinbarung angeben

Zeiträume und Miethöhen sind genau zu bestimmen

Nach dem Wortlaut des Gesetzes müssen Sie die jeweilige Miete oder die jeweilige Erhöhung in einem Geldbetrag ausweisen. Sie müssen die Zeiträume, für die die jeweiligen Mieten gelten sollen, genau bestimmen. Eine wirksame Staffelmietvereinbarung muss also für ganz bestimmte Zeiträume ganz bestimmte Miethöhen angeben.

Beispiele:

Die Miete beträgt 700 €. Sie erhöht sich jeweils zu folgenden Terminen auf folgende Beträge:

ab 01.01.2020 auf 800 €
ab 01.01.2021 auf 850 €
ab 01.01.2022 auf 900 €
ab 01.01.2023 auf 950 €

oder

Die Miete beträgt 700 €. Sie erhöht sich jeweils zu folgenden Terminen um folgende Beträge:

am 01.01.2020 um 50 €
am 01.01.2021 um 50 €
am 01.01.2022 um 70 €
am 01.01.2023 um 80 €

Unzulässig wäre es, die Mieterhöhung in Prozentsätzen anzugeben.

Wichtig: Erhöhen Sie nicht zu früh die Miete

Jahresfrist unbedingt beachten

Achten Sie unbedingt darauf, dass zwischen den einzelnen Staffeln mindestens ein Abstand von einem Jahr liegt, da dies zwingend vorgeschrieben ist (§ 557a Abs. 2 BGB). Längere Abstände oder unterschiedlich lange Staffeln sind unproblematisch, solange die Jahresfrist eingehalten wird. Wird diese auch nur um einen einzigen Tag unterschritten, führt dies zur Unwirksamkeit der gesamten Staffelmietvereinbarung. Übersehen wird oft, dass diese Jahresfrist auch für die Zeit des Vertragsbeginns und dem Beginn der ersten Staffelerhöhung gilt. Achten Sie daher darauf, dass zwischen Beginn des Mietvertrags und der ersten Erhöhung ebenfalls mindestens ein Jahr liegt.

Müssen Sie bei der Miethöhe eine Grenze beachten?

Grundsätzlich können Sie die Miethöhe für jede einzelne Staffel mit Ihrem Mieter frei vereinbaren. Das bedeutet, dass Sie die Höhe der einzelnen Staffeln unabhängig von der ortsüblichen Vergleichsmiete oder der Kappungsgrenze (maximal 20%/15% Mieterhöhung innerhalb von 3 Jahren) festlegen können.

„Mietwucher" ist strafbar

Beachten Sie bei der Festlegung der einzelnen Staffeln, dass diese nicht gegen die Mietpreisüberhöhung nach § 5 Wirtschaftsstrafgesetz (WiStG) („Mietwucher") verstoßen. Grundsätzlich gilt, dass gemäß § 5 WiStG der Mietpreis unangemessen ist, wenn er unter Ausnutzung einer Mangellage auf dem Wohnungsmarkt vereinbart wurde und die übliche Vergleichsmiete um mehr als 20% überschreitet.

Wohnungsmangel muss ausgenutzt werden

Überschreitet bei einer Staffelmietvereinbarung die zu zahlende Miete die Obergrenze des § 5 WiStG, führt dies zur Nichtigkeit der konkreten Staffel, jedoch nicht zur Nichtigkeit der nachfolgenden Staffeln. Diese sind dann jeweils zum maßgeblichen Zeitpunkt mit den Vorgaben des § 5 WiStG zu überprüfen.

Beispiel: Sie treffen im Jahr 2017 im Rahmen eines Mietvertrags eine Staffelmietvereinbarung über 10 Jahre. Die Ausgangsmiete beträgt 500 €. Die jährlichen Steigerungen sollen 50 € betragen. Im Jahr 2020 muss der Mieter demnach 700 € zahlen. Die anschließende 5. Staffelmieterhöhung im Jahr 2021 auf 750 € verstößt aber gegen § 5 WiStG. Die 5. Staffelerhöhung ist dann unwirksam. Alle späteren Staffeln sind aber nicht automatisch ungültig, sondern jeweils gesondert auf ihre jeweilige Mietpreiswidrigkeit zu überprüfen.

Wann wird die erhöhte Miete fällig?

Die Mieterhöhung tritt zu den in der Vereinbarung genannten Zeitpunkten automatisch ein. Sie brauchen dies dem Mieter nicht nochmals mitzuteilen. Zahlt der Mieter die erhöhte Miete nicht, so kommt er mit dem Erhöhungsbetrag automatisch in Zahlungsverzug. Anders als bei einer Mieterhöhung auf Ortsniveau muss der Mieter hier also nicht erst auf Zustimmung zur Mieterhöhung verklagt werden. Er hat in einem solchen Fall auch die Kosten eines Anwalts zu tragen, der diesen Erhöhungsbetrag für Sie geltend macht. Wenn der Zahlungsrückstand eine Monatsmiete übersteigt, riskiert der Mieter zudem sowohl eine fristlose Kündigung des Mietverhältnisses wegen Zahlungsverzugs als auch eine ordentliche Kündigung wegen wiederholten Zahlungsverzugs.

Mieterhöhung tritt automatisch ein

Anspruchsverjährung beachten

Auch wenn entgegen der Staffelmietvereinbarung die Mietanpassung über mehrere Jahre hinweg nicht praktiziert wird, weil die Mietanpassung beispielsweise in Vergessenheit gerät, führt dies nicht zwangsläufig dazu, dass Sie die Zahlungsansprüche verlieren. Nach der ständigen Rechtsprechung kann sich der Mieter nur unter ganz bestimmten Umständen auf eine Verwirkung Ihrer Zahlungsansprüche berufen. Allerdings verjähren Ihre Nachzahlungsansprüche innerhalb von drei Jahren.

Dann ist eine „umgekehrte Staffelmiete" sinnvoll

Die umgekehrte Staffelmiete ist eine Vereinbarung, in der sich der Vermieter verpflichtet, auf den vereinbarten Mietpreis einen im Lauf der Mietzeit geringer werdenden Nachlass zu gewähren.

Beispiel: Sie vereinbaren mit Ihrem Mieter eine Miete von 800 €. Im ersten Jahr gewähren Sie Ihrem Mieter einen monatlichen Nachlass von 200 €, im zweiten Jahr einen Nachlass von 100 € und im dritten Jahr einen Nachlass von 50 €.

Zeitliche Befristung ist entfallen

Eine umgekehrte Staffelmiete wird nicht häufig angewandt. Sie kann aber bedeutsam sein, falls Sie mit Ihrem Mieter eine Vereinbarung über eine Mieterhöhung im Zusammenhang mit einer Modernisierungsmaßnahme treffen. Wegen der degressiven Förderung des Vermieters können daher umgekehrte Staffelmieten sinnvoll sein.

Kündigungsrecht des Mieters

Vor dem Stichtag 01.09.2001 konnten Staffelmietvereinbarungen nur auf 10 Jahre begrenzt werden. Seit dem 01.09.2001 ist diese Begrenzung entfallen.

Unbegrenzte Laufzeit möglich

Die Vereinbarung einer Staffelmiete über eine bestimmte Zeit – beispielsweise 5 Jahre – bedeutet aber nicht, dass es sich hierbei um ein befristetes Mietverhältnis handelt. Der Mieter kann selbstverständlich jederzeit unter Einhaltung der gesetzlich vorgeschriebenen Kündigungsfrist den Mietvertrag kündigen.

Staffelmiete im Zeitmietvertrag möglich

Die Ausnahme: Sie können eine Staffelmietvereinbarung in Zusammenhang mit einem Zeitmietvertrag gemäß § 575 BGB abschließen. In diesem Fall ist das ordentliche Kündigungsrecht wechselseitig ausgeschlossen. Aber bitte beachten Sie dabei: Ein Zeitmietvertrag nach § 575 BGB kann zwar zeitlich unbefristet abgeschlossen werden, wirksam ist er jedoch nur, wenn ein in § 575 BGB gesetzlich vorgesehener Befristungsgrund vorhanden ist und dieser dem Mieter bereits beim Vertragsabschluss (in der Regel direkt im Mietvertrag) schriftlich mitgeteilt wird.

Kündigungsausschluss auf 4 Jahre begrenzen

Eine Alternative hierzu bietet der Kündigungsausschluss für eine bestimmte Zeit. Gemäß § 557 a Abs. 3 BGB kann das Kündigungsrecht des Mieters auf höchstens 4 Jahre seit Abschluss der Staffelmietvereinbarung ausgeschlossen werden. Das bedeutet, dass die Kündigung Ihres Mieters frühestens zum Ablauf dieses Zeitraums zulässig ist. Ein Kündigungsausschluss von mehr als 4 Jahren führt allerdings zur Unwirksamkeit des gesamten Kündigungsausschlusses. Wenn Ihr Mieter nach 4 Jahren ausziehen will, muss er auf alle Fälle schriftlich kündigen. Ansonsten verlängert sich der Mietvertrag nach Ablauf des Kündigungsausschlusses auf unbestimmte Zeit, mit der Möglichkeit der ordentlichen Kündigung für beide Seiten.

Kündigungsrecht des Vermieters

Vorsicht bei Eigenbedarfskündigungen

Der Abschluss einer Staffelmietvereinbarung, beispielsweise auf 5 Jahre, führt nicht automatisch dazu, dass der Mietvertrag auch für diese Zeit befristet ist. Daher können Sie als Vermieter den Mietvertrag ordentlich kündigen, wenn die Voraussetzungen für eine ordentliche Kündigung durch den Vermieter gegeben sind.

Ein Kündigungsgrund des Vermieters ist oft der Eigenbedarf der Wohnung. Aufgrund der Staffelmietvereinbarung kann der Mieter darauf vertrauen, dass der Mietvertrag wegen Eigenbedarfs erst nach einer gewissen Dauer gekündigt werden darf.

Tipp: Überlegen Sie vor Abschluss einer Staffelmietvereinbarung, ob nicht Sie oder einer Ihrer Angehörigen die Wohnung in der nächsten Zeit beanspruchen wollen. Wenn dies der Fall ist, sollten Sie eine entsprechend kurze Staffelmietvereinbarung wählen, oder sogar ganz darauf verzichten.

Nachteile einer Staffelmietvereinbarung für den Vermieter

Weitere Mieterhöhungen sind ausgeschlossen

Neben den aufgezeigten Vorteilen ergeben sich auch Nachteile durch eine Staffelmietvereinbarung. Während der Laufzeit einer Staffelmietvereinbarung sind Mieterhöhungen bis zur ortsüblichen Vergleichsmiete nach § 558 BGB oder durch einseitige Mieterhöhung in Form der Modernisierungsumlage nach §§ 559 ff. BGB ausgeschlossen. Bedenken Sie also bei Abschluss einer Staffelmietvereinbarung, ob Sie während der Laufzeit einer Staffelmietvereinbarung Modernisierungsmaßnahmen mit Umlagemöglichkeit durchführen wollen oder müssen.

Beispiel: Wenn Sie mit Ihrem Mieter am 01.01.2015 eine Staffelmietvereinbarung über 10 Jahre geschlossen haben, können Sie eine Modernisierungsmaßnahme im Jahr 2020 nicht zum Anlass für eine (weitere) Mieterhöhung nehmen.

Gleichzeitig sollten Sie die Entwicklung der ortsüblichen Vergleichsmiete beobachten.

Beispiel: Sie vermieteten zum 01.01.2017 eine Wohnung in einer sehr attraktiven Innenstadtlage und schließen eine Staffelmietvereinbarung über 10 Jahre ab. Aufgrund einer sehr starken Nachfrage nach attraktiven Innenstadtlagen könnte die ortsübliche Vergleichsmiete im Jahr 2021 sogar über der vertraglich vereinbarten Miete liegen. Sie können dann aber nicht eine weitere Erhöhung bis zu der ortsüblichen Vergleichsmiete im Jahr 2021 verlangen.

Fazit: Sie sollten insbesondere bei Wohnraummietverträgen also vor Abschluss einer Staffelmietvereinbarung genau abwägen, ob dies für Sie sinnvoll ist. Eine nachträgliche Änderung der einmal getroffenen Staffelmietvereinbarung ist nämlich grundsätzlich nicht zulässig. Ausnahme: Eine Erhöhung der Nebenkosten nach § 560 BGB bleibt weiterhin möglich, da die Nebenkosten unabhängig von der Erhöhung der Miete zu beurteilen sind.

Exkurs: Besonderheiten einer Staffelmiete bei gewerblichen Vermietungen

Staffelmiete wichtig bei Gewerberaum

Bei Gewerberaummietverträgen ist eine Staffelmietvereinbarung häufig anzutreffen. Hier sollten Sie als Vermieter auch dringend auf eine Staffelmietvereinbarung hinwirken. Denn anders als im Wohnraummietrecht gibt es keine gesetzlichen Bestimmungen zur Mietanpassung, etwa an ortsübliche Vergleichsmieten. Vereinbaren Sie bei Abschluss eines Gewerbemietvertrags nichts Abweichendes, sind Sie an den einmal vereinbarten Mietpreis möglicherweise auf lange Zeit gebunden. Sie haben auch nicht die Möglichkeit einer Änderungskündigung, falls Sie die Miete nach oben anpassen möchten.

Weniger Vorschriften bei Gewerberaumvermietung

Die Vereinbarung einer Staffelmiete für Gewerberaum unterliegt nicht den gleichen Beschränkungen wie die Vermietung von Wohnraum. Die Staffelmietvereinbarung ist in diesem Bereich uneingeschränkt im Rahmen der allgemeinen Gesetze zulässig. Die wesentlichen Unterschiede zur Wohnraummiete bestehen darin, dass:

- Die Staffel für Gewerberaum kann sich nach unterschiedlichen Zeiträumen richten, es ist nicht erforderlich, hier einen Jahresrhythmus einzuhalten. Es können auch Erhöhungen für kürzere als jährliche Zeiträume gewählt werden.
- Die Höhe der Staffelmiete ist zwischen den Vertragsparteien frei vereinbar und unterliegt nicht der Vorschrift über die Mietpreisüberhöhung nach § 5 WiStG.
- Bei der Vermietung von Gewerberäumen sind auch prozentuale Erhöhungen der Grundmiete möglich.
- Es ist hier ein längerer Kündigungsausschluss als vier Jahre vereinbar.
- Zusätzlich kann eine Wertsicherung durch Indexierung vereinbart werden.

Fazit: Gewerbemietverträge bieten deutlich mehr Spielraum bei einer Staffelmietvereinbarung.

Was Sie bei der Mietpreisbremse zu beachten haben

Wenn bei Ihnen gemäß Rechtsverordnung die sogenannte Mietpreisbremse gilt, ist hinsichtlich einer vereinbarten Staffelmiete zu beachten:

- Staffelmieten, die vor Inkrafttreten der Mietpreisbremse vereinbart wurden, sind vor ihr ausgenommen und gelten mithin ungeschmälert fort.

Für Staffelmieten, die nach Inkrafttreten der Mietpreisbremse vereinbart wurden, haben Sie zu unterscheiden:

1) Die zuerst geschuldete Miete des (Staffel-)Mietvertrags ist durch die Mietpreisbremse beschränkt, sie darf also nicht mehr als 110% der ortsüblichen Vergleichsmiete betragen (§ 557a Abs. 4 BGB).

2) Die zulässige Höhe der Folgestaffeln richtet sich nach der ortsüblichen Miete bei ihrer jeweiligen Fälligkeit, die zum Zeitpunkt der Vereinbarung der Staffelmiete noch unbekannt ist.

Beispiel: Die ortsübliche Vergleichsmiete beträgt 8 €/ m^2, weshalb die 100 m^2 große Wohnung maximal bei 880 € liegt (110% des Ortsniveaus). Der Mietvertrag sieht vor, dass sich die Miete von 880 € im 2. Mietjahr auf 910 und im 3. Mietjahr auf 940 € erhöht. Nach Ablauf des 1. Mietjahres beträgt die ortsübliche Vergleichsmiete 8,20 €/m^2.

Lösung: Die zulässige Miethöhe für die 2. Staffel beträgt 904 €/Monat (110% des Ortsniveaus von 820 €). Da die 2. Staffel mit 910 €/Monat darüber liegt, ist sie insoweit unwirksam; der Mieter schuldet also dann nur 904 €/Monat (vgl. § 557a Abs. 4 BGB).

Hinweis: Bei einer Indexmiete (dazu nachfolgend) ist allein die Ausgangsmiete an die Beschränkungen der Mietpreisbremse ggf. gebunden – und nicht auch die späteren Mieterhöhungen hiernach beschränkt.

Die Indexmiete

Sie können mit Ihrem Mieter auch eine Indexmiete vereinbaren. Mit dieser sogenannten Wertsicherungsklausel ist die Entwicklung der Miete an die Änderung eines vom Statistischen Bundesamt ermittelten Preisindexes für die Lebenshaltung aller privaten Haushalte in Deutschland geknüpft. Die Indexmiete ist gesetzlich geregelt in § 557b BGB.

Indexmiete gleich zu Beginn vereinbaren

Die Wertsicherungsklausel kann sowohl beim Abschluss des Mietvertrags getroffen werden – was grundsätzlich zu empfehlen ist – aber auch während der Laufzeit des Mietvertrags. Die Bindung an den Preisindex gilt für beide Vertragsparteien gleichermaßen. Es gilt der

Grundsatz: Steigt der Index, steigt auch die Miete, sinkt der Index, so sinkt auch die Miete.

Indexklausel bei allen Mietverträgen möglich

Indexmieten sind bei Wohnraummietverhältnissen relativ selten anzutreffen (anders ist es bei Mietverträgen über Gewerberaum). Der Grund liegt zum einen darin, dass die künftige Miete kaum vorherzusagen ist. Zum anderen scheint die Berechnung der Miete nach einer Indexvereinbarung vielen Vermietern zu kompliziert. Und schließlich ist die Inflation in den letzten Jahren stark zurückgegangen.

Die Vorteile einer Indexmiete

Der Index selbst bestimmt die Mieterhöhung

Wie bei der Staffelmietvereinbarung hat der Vermieter den Vorteil, dass er die Erhöhungen nicht wie sonst üblich begründen muss, es reicht der Verweis auf den Preisindex.

Je nach Marktsituation kann es für Sie als Vermieter unter Umständen schwierig sein, bei Abschluss eines Mietvertrags eine Staffelmietvereinbarung abzuschließen. Sollte sich kein Mieter finden, der bereit ist, über einen längeren Zeitraum regelmäßige Mieterhöhungen im Rahmen einer Staffelmiete zu akzeptieren, so bietet die Indexmiete eine Kompromisslösung. Sie können gut damit argumentieren, dass die Koppelung der Miete an den Preisindex eine faire und einleuchtende Preisgestaltung darstellt.

Aus Vermietersicht kein Vorteil

Die Entwicklung der Lebenshaltungskosten ist zudem in der Regel besser zu überschauen als die Entwicklung der Mietpreise. Außerdem haben Sie das Argument, dass theoretisch auch Mietsenkungen möglich sind, wenn der Index sich verringert, was allerdings nicht unbedingt zu erwarten ist.

Anders als bei der Staffelmiete gilt aber hier, dass Mieterhöhungen bei Modernisierungsmaßnahmen nach

§ 559 BGB während der Laufzeit einer Indexmietvereinbarung zumindest eingeschränkt möglich sind. Nämlich dann, wenn Sie bauliche Maßnahmen aufgrund von Umständen durchführen müssen, die Sie nicht verschuldet haben.

Das sind in der Regel Maßnahmen, die auf nachträglichen gesetzlichen oder behördlichen Anordnungen beruhen.

Beispiel: Umstellung von Stadtgas auf Erdgas, denkmalschutzrechtliche Anordnungen oder der nachträgliche Einbau von Sicherungstüren in Fahrstühlen.

Was bei der Indexmiete zu beachten ist

Damit eine Indexmietvereinbarung Gültigkeit hat, müssen Sie auf folgende Voraussetzungen achten:

Schriftform

Die Schriftform (Originalunterschrift) ist regelmäßig einzuhalten. Mündliche Vereinbarungen sind unwirksam.

Bezugsgröße

Bezugsgröße = Preisindex des Statistischen Bundesamts

Die seit dem 01.09.2001 einzig zulässige Bezugsgröße ist nur der vom statistischen Bundesamt ermittelte Preisindex für die Lebenshaltung aller privaten Haushalte in Deutschland. Damit wurde der Tatsache Rechnung getragen, dass das Statistische Bundesamt seit Januar 2003 die Ermittlung der verschiedenen Verbraucherindices ersatzlos eingestellt hat. Bei Mietverträgen, die vor dem 01.09.2001 abgeschlossen wurden, war auch die Bezugnahme auf andere Verbraucherindices möglich.

Wurde in einem Mietvertrag ein Verbraucherindex als Maßstab vereinbart, der jetzt nicht mehr zulässig ist, macht dies die Klausel selbstverständlich nicht unwirksam. Sie haben als Vermieter einen Anspruch gegen Ihren Mieter auf Vereinbarung eines zulässigen Verbraucherindexes. Der ehemals zulässige Index muss dann noch auf den neuen, jetzt einzig zulässigen Index umgerechnet werden.

Basisjahr

Basisjahr vereinbaren

Bei einer Indexklausel muss weiterhin vereinbart werden, auf welches Basisjahr der Index berechnet werden soll. (Seit 2019 gilt das Basisjahr 2015.) So kann bezogen auf das Basisjahr ermittelt werden, um wie viel Prozentpunkte sich der Index zu diesem Basiswert verändert hat. Die Höhe der Mietzinsänderung muss in der Vereinbarung bestimmt sein und darf höchstens der prozentualen Indexänderung entsprechen.

Klauseln mit einseitigem Erhöhungsrecht sind verboten

Flexible Anpassungsmöglichkeit wichtig

Achten Sie darauf, dass die Indexvereinbarung eine Anpassung sowohl bei steigendem als auch bei fallendem Lebenshaltungsindex vorsieht. Sollte die gewählte Vereinbarung eine Abänderungsmöglichkeit nur für eine Seite vorsehen (Einseitigkeitsklausel), ist die gesamte Vereinbarung unwirksam.

Dies gilt im Übrigen auch, wenn Sie mit Ihrem Mieter bestimmte Untergrenzen vereinbaren wollen, die erst überschritten werden müssen, bis eine Mietanpassung verlangt werden kann. Diese Grenze kann sich auf eine bestimmte Indexpunktzahl beziehen oder auf eine bestimmte prozentuale Veränderung der Indexmiete.

Damit können Bagatellmietabsenkungen zu Gunsten Ihres Mieters ausgeschlossen werden. Allerdings müssen diese Untergrenzen in beide Richtungen gelten, also auch zu Gunsten Ihres Mieters, zur Vermeidung von Bagatellmieterhöhungen.

Unter welchen Voraussetzungen kommt es zu einer Mieterhöhung?

Voraussetzung für den Eintritt der Mietanpassung ist zunächst eine Veränderung der Bezugsgröße. Ob diese eingetreten ist, können Sie beim Statistischen Bundesamt in Erfahrung bringen (http://www.destatis.de/indicators/d/tkpre511.htm). Das Statistische Bundesamt erstellt monatlich den aktuellen Lebenshaltungsindex.

Auch hier gilt: Einjahresfrist beachten

Als weitere Voraussetzung muss die Miete mindestens ein Jahr unverändert geblieben sein, bevor eine neue Anpassung aufgrund gestiegener Preise erfolgen darf. Diese Jahresfrist beginnt mit dem Mietbeginn oder mit dem Zeitpunkt, zu dem die letzte Mieterhöhung eingetreten ist. Unproblematisch ist auch hier, wenn der Abstand zwischen 2 Anpassungen länger als ein Jahr beträgt.

Keine automatische Mietanpassung

Beachten Sie aber bitte, dass die Mietanpassung im Unterschied zur Staffelmiete nicht automatisch eintritt. Vielmehr müssen Sie die Erhöhung schriftlich geltend machen und den verlangten Erhöhungsbetrag berechnen. Das Gesetz erleichtert Ihnen hier die Arbeit und sieht in § 557 b Abs. 3 BGB vor, dass diese Erklärung auch in Textform abgegeben werden kann. Im Unterschied zur Schriftform bedarf es bei der Textform keiner eigenhändigen Unterschrift. Sie können die Anpassungsaufforderung somit auch per Telefax oder per E-Mail abgeben.

Erklärung der Mieterhöhung muss nachvollziehbar sein

In dieser Anpassungsaufforderung müssen Sie die eingetretene Änderung des Preisindexes sowie die jeweils erhöhte Miete oder die Erhöhung in einem Geldbetrag ausweisen. Die Anpassungsaufforderung muss zudem erkennen lassen, woraus sich der Anpassungsanspruch ergibt. Die vorgenommene Berechnung der neuen Miete muss für Ihren Mieter aus Ihrer Erklärung nachvollziehbar sein. Denn: Ist sie das nicht, ist die Erklärung unwirksam. Sie müssen sich daher in der Tat die Mühe machen und eine genaue Berechnung der Mietpreisänderung vornehmen.

Zur Berechnung der Anpassung kann folgende Formel herangezogen werden:

So berechnen Sie die Anpassung

$$\frac{\text{neuer Indexstand}}{\text{alter Indexstand}} \times 100 - 100 = \text{Änderung in \%}$$

Beispiel: Bei einem Indexstand von 100,7 Punkten wurde die Miete letztmalig auf 800 € erhöht. Der neue Indexstand betrug im November 2019 nunmehr 107,9 Punkte (noch zum Basisjahr 2010). Die Mietsteigerung berechnete sich daher wie folgt:

$$\frac{107{,}9}{100{,}7} \times 100 - 100 = 1{,}071 \times 100 - 100 = 7{,}1\%$$

Die neue Miete steigt daher um 56,80 € auf nunmehr 856,80 €.

Ihr Mieter schuldet dann die neue abgeänderte Miete mit dem Beginn des übernächsten Monats, der auf den Zugang der Anpassungsaufforderung folgt.

Beispiel: Der Zugang der Anpassungsaufforderung erfolgte am 20.12.2019. Die Anpassung der Miete erfolgte zum 01.02.2020. Ihr Mieter musste daher ab Februar 2020 die erhöhte Miete bezahlen.

Eine empfehlenswerte Anpassungsaufforderung lautet:

Entsprechend dem zwischen uns geschlossenen Mietvertrag in Verbindung mit § 557b BGB bin ich berechtigt, den Mietzins an die zwischenzeitlich eingetretene Veränderung des vom Statistischen Bundesamt ermittelten Preisindexes für die Lebenshaltungskosten aller privaten Haushalte in Deutschland anzupassen, soweit der Mietzins für jeweils mindestens ein Jahr unverändert geblieben ist.

Wie Sie wissen, ist der Mietzins seit mehr als einem Jahr unverändert. Der vom Statistischen Bundesamt veröffentlichte Preisindex für die Lebenshaltungskosten aller privaten Haushalte in Deutschland hat sich seit Beginn des Mietverhältnisses und der letzten Mietanpassung um ... Punkte erhöht. Dies entspricht einem prozentualen Anstieg von ... %.

Das bedeutet, dass sich der Mietzins ab dem ... von ... € um ... % = ... € auf nunmehr ... € erhöht.

Ich bitte Sie, den erhöhten Mietzins ab dem ... zusammen mit den Betriebs- und Nebenkostenvorauszahlungen in Höhe von ... €, insgesamt also ... € auf das Ihnen bekannte Mietkonto anzuweisen.

Nachteile einer Indexmiete für den Vermieter

Keine Erhöhung auf ortsübliche Vergleichsmiete möglich

Eine Erhöhung auf die ortsübliche Vergleichsmiete ist neben der Erhöhung aufgrund gestiegener Lebenshaltungskosten nicht möglich. Das legt das Gesetz in § 557b Abs. 2 Satz 3 BGB ausdrücklich fest. Erhöhungen der Betriebskostenvorauszahlung sind aber ebenso möglich wie bei der Staffelmiete.

Preisentwicklung unsicher

Und dann besteht ein Nachteil freilich in dem Risiko der unsicheren Preisentwicklung. Denn Sie können sich nicht sicher sein, dass die Preise kontinuierlich steigen. Vielmehr ist es auch möglich, dass der Preisindex in Zukunft sinken oder zumindest stagnieren könnte. Dann müssen Sie sich auf sinkende Mieteinnahmen einstellen.

Fazit: Die Indexmiete ist für Sie dann geeignet, wenn Sie die Miete direkt an die Preisentwicklung koppeln möchten. Allerdings ist diese Veraeinbarung für Sie mit einer gewissen Rechenarbeit verbunden und weder Sie noch der Mieter wissen, mit welcher Miethöhe ganz genau zu rechnen ist.

Exkurs: Besonderheiten einer Indexmiete bei gewerblichen Vermietungen

Beim Abschluss eines Gewerbemietvertrags sind die Parteien weitgehend frei in ihrer Gestaltung. Schutzvorschriften des sozialen Mietrechts finden hier im Gegensatz zum Wohnraummietrecht keine Anwendung. Insofern sind die Parteien auch bei der Ausgestaltung einer Indexvereinbarung weitgehend frei.

Dennoch sind bei der Vereinbarung einer Indexmiete einige Besonderheiten zu beachten:

Bei Gewerbe automatische Mieterhöhung möglich

Bei der Gewerberaummiete mit Indexmietvereinbarung kann eine automatische Mieterhöhung vereinbart werden. Das heißt, Sie müssen den Mieter nicht gesondert zur Zahlung der erhöhten Miete auffordern, wie bei der Wohnraumvermietung. Die Mieterhöhung tritt unabhängig vom Verlangen des Vermieters ein. Beachtet das Ihr Mieter nicht, muss er gegebenenfalls mit einer größeren Nachzahlung rechnen. Falls Sie trotz Indexmietvereinbarung für längere Zeit von Ihrem Mieter nicht die erhöhte Miete verlangen, kann dies ausnahmsweise im Mieter das Vertrauen erwecken, mit keiner Mieterhöhung mehr rechnen zu müssen. Gehen Sie also dieses Risiko nicht ein und überprüfen Sie auch bei einer automatischen Mieterhöhungsvereinbarung gelegentlich, ob eine Erhöhung zwischenzeitlich eingetreten ist.

Genehmigungsverfahren abgeschafft

Bei Gewerberaummietverträgen war bis zum 14.09.2007 darauf zu achten, dass diese zu ihrer Wirksamkeit teilweise vom Bundesamt für Ausfuhr und Wirtschaftskontrolle (BAFA) genehmigt werden mussten. Dies ist nicht mehr der Fall, die Zulässigkeit von Indexklauseln richtet sich seither nach dem Preisklauselgesetz (PrKG), das an diesem Tag in Kraft trat.

Wertsicherungsklauseln, die den Mieter unangemessen benachteiligen, sind nach dem PrKG unwirksam (siehe weiter unten). Die Unwirksamkeit tritt jedoch erst mit rechtskräftiger Feststellung des Verstoßes gegen das PrKG ein. Das hat den entscheidenden Vorteil, dass bis zu diesem Zeitpunkt die vereinbarte Indexierung volle Wirkung entfalten kann. Bereits entstandene Zahlungsansprüche gegen Ihren Mieter sind bis zu diesem Zeitpunkt durchsetzbar. Der Mieter kann auch bereits geleistete Zahlungen nicht zurückverlangen.

Bei Gewerberaum: Vertragslaufzeit > 10 Jahre

Trotz dieser Gesetzesänderung bleibt es dabei, dass eine Indexmietvereinbarung in einem Gewerbemietvertrag entsprechend dem vom Statistischen Bundesamt ermittelten Preisindex für die Gesamtlebenshaltung dann grundsätzlich wirksam ist, wenn die Mietdauer mindestens 10 Jahre beträgt. Dies ist insofern etwas kurios, da bei Wohnraummietverträgen eine Indexierung auch bei Laufzeiten unter 10 Jahren vereinbart werden kann und dies dazu führt, dass das immer strengere Wohnraummietrecht in diesem Punkt liberaler ist als das sonst liberalere Gewerbemietrecht.

Wertsicherungsklauseln müssen bestimmt sein

Wertsicherungsklauseln sind zudem dahin zu überprüfen, ob sie hinreichend bestimmt sind und keine Vertragspartei unangemessen benachteiligen. Eine unangemessene Benachteiligung liegt vor, wenn

- ein Anstieg der Lebenshaltungskosten zwar eine Erhöhung, eine Senkung der Lebenshaltungskosten aber keine Ermäßigung zur Folge hat;
- die Miethöhe sich unproportional zur Entwicklung der Lebenshaltungskosten verändert;
- die Klausel eine Seite unangemessen benachteiligt, wenn also nur einer Vertragspartei das Recht zusteht, eine Anpassung der Miete zu verlangen.

Fazit: Sowohl die Staffelmiete als auch die Indexmiete bieten gegenüber einer Mieterhöhung zur ortsüblichen Vergleichsmiete Vorteile. Wenn Sie diese nutzen möchten, sollten Sie die Weichen hierfür aber schon beim Abschluss des Mietvertrags stellen.

Diese Vor- und Nachteile haben Sie bei einer Staffelmiete

Vorteile	Nachteile
Die Staffelmiete wird allein durch Zeitablauf fällig – Sie müssen sie also nicht geltend machen, wie alle anderen Mieterhöhungen.	Während der Laufzeit einer Staffelmiete sind weitere Mieterhöhungen wegen gestiegener ortsüblicher Vergleichsmiete und wegen erfolgter Modernisierung gesetzlich ausgeschlossen.
Vermieter und Mieter wissen genau, woran sie sind, also mit welcher Miete sie planen können. Im Streitfall besteht so gut wie kein Prozessrisiko, denn anders als bei den sonstigen Mieterhöhungen muss die der Staffelmiete nicht begründet, sondern nur vereinbart sein.	Manche Mieter fühlen sich abgeschreckt, wenn sie sehen, dass die Miete künftig immer wieder steigt (dass die Miete sich wegen Modernisierung und gestiegenen Ortsniveaus auf andere Weise erhöhen kann, machen sich die Mieter dagegen bei Abschluss des Mietvertrags nicht so bewusst).
Sollte der Mieter die Mieterhöhung nicht zahlen, können Sie direkt auf Zahlung klagen. Sie müssen also nicht zuerst auf Zustimmung zur Mieterhöhung klagen, wie das bei einer gestiegenen ortsüblichen Vergleichsmiete der Fall ist. Die Kappungsgrenze gilt nicht.	Die Erhöhung der Staffel ist nicht so leicht zu bestimmen, da sie unabhängig von der Marktsituation (ortsübliche Vergleichsmiete) und den sonstigen Lebenshaltungskosten (Indexmiete) ist. Eine insoweit zu hohe Staffelmiete kann eine Kündigung des Mieters provozieren.

Diese Vor- und Nachteile haben Sie bei einer Indexmiete

Vorteile	Nachteile
Eine Indexmiete kann unabhängig von der Laufzeit des Mietvertrags vereinbart werden.	Die Indexmiete müssen Sie geltend machen – anders als bei der Staffelmiete wird sie nicht allein durch Zeitablauf fällig.
Die Indexmiete wird als gerecht empfunden, da sie an die allgemeine Preisentwicklung gekoppelt ist.	Der Mieter kann nicht mit einer bestimmten, bereits im Mietvertrag ausgewiesenen Miete kalkulieren.
Anders als bei der Staffelmiete kann neben der Indexmieterhöhung ein Modernisierungszuschlag geltend gemacht werden, wenn die Modernisierung behördlich oder gesetzlich angeordnet ist.	Neben der Index-Mieterhöhung ist eine weitere Mieterhöhung wegen gestiegener ortsüblicher Vergleichsmiete ausgeschlossen, ebenso wie ein Modernisierungszuschlag aufgrund von Baumaßnahmen, zu denen Sie nicht behördlich oder gesetzlich verpflichtet sind.
Die Kappungsgrenze gilt nicht.	Die Mietsteigerung kann nur sehr gering ausfallen; sollten die Preise fallen, ist (theoretisch) sogar eine Mietreduzierung möglich.

So schützen Sie Ihre Interessen im Mietvertrag als Vermieter

Ihr optimaler Wohnungsmietvertrag – so stellen Sie die Weichen für sich von Anfang an richtig

Darum geht es: Viele Vermieter werden sich ungünstiger Regelungen im Mietvertrag erst bewusst, wenn es zu spät, der Mietvertrag also schon unterschrieben ist. Dieser Beitrag erläutert Ihnen im Einzelnen, wie Sie den hier vorgestellten Muster-Mietvertrag bestmöglich in Ihrem Sinne ausfüllen.

Seite

Das aktuelle Muster Ihres Wohnraummietvertrags

Zwischen ____

____ als Vermieter

und ______________________ ______________ ______________
Vor- und Nachname Geburtsdatum Beruf

sowie ______________________ ______________ ______________
Vor- und Nachname Geburtsdatum Beruf

____ als Mieter
Adresse

wird folgender Mietvertrag geschlossen:

§ 1 Mieträume

1. Auf dem Grundstück ______________________ werden zur Benutzung die nachfolgend aufgeführten Räume vermietet, deren Größe rund ________ m² beträgt. Diese Angabe dient wegen möglicher Messfehler nicht zur Festlegung des Mietgegenstands. Der räumliche Umfang der gemieteten Sache ergibt sich vielmehr aus der Angabe der vermieteten Räume.

   ______________________ bestehend aus ________ Zimmern,
   (Geschoss, links/rechts/Mitte)

   ___ Küche, ___ Flur, ___ Bad, ___ WC, ___ Abstellraum, ___ Keller, ___ Boden, ___ Balkon,

   ___ Terrasse.

2. Mitvermietet werden ________ Garage/Stellplatz sowie ________ m² Garten.

3. Der Mieter ist berechtigt, folgende Einrichtungen und Anlagen nach Maßgabe der Benutzungsordnung mitzubenutzen (z. B. Waschküche, Trockenboden):

   ____

   ____

4. Dem Mieter werden für die Dauer der Mietzeit beim Einzug folgende Schlüssel ausgehändigt:

   ___ Hausschlüssel, ___ Wohnungsschlüssel, ___ Zimmerschlüssel, ___ Kellerschlüssel, ___ Bodenschlüssel,

   ___ Briefkastenschlüssel, ___ ....schlüssel, ___ ....schlüssel.

§ 2 Unbefristetes Mietverhältnis

1. Das Mietverhältnis beginnt am ________________ und läuft auf unbestimmte Zeit.

2. Die Kündigungsfrist beträgt für den Mieter und den Vermieter 3 Monate. Für den Vermieter verlängert sich die Kündigungsfrist auf 6 Monate, wenn seit der Überlassung des Wohnraums mehr als 5 Jahre vergangen sind, und auf 9 Monate, wenn seit der Überlassung des Wohnraums mehr als 8 Jahre vergangen sind. Erfolgt die Kündigung bis zum 3. Werktag eines Kalendermonats, zählt dieser Monat bei der Berechnung der Kündigungsfrist mit.

3. Die Kündigung muss schriftlich erfolgen. Für die Rechtzeitigkeit der Kündigung kommt es nicht auf die Absendung, sondern auf den Zugang des Kündigungsschreibens an.

4. Setzt der Mieter den Gebrauch der Mieträume nach Ablauf der Mietzeit fort, so gilt das Mietverhältnis nicht als verlängert. § 545 BGB findet keine Anwendung.

§ 3 Zeitmietvertrag

1. Das Mietverhältnis ist befristet (§ 575 BGB); es beginnt am __________ und endet am ____________.

2. Das Mietverhältnis ist auf diesen Zeitraum befristet, weil der Vermieter nach Ablauf der Mietzeit

   die Räume als Wohnung für sich, seine Familienangehörigen oder Angehörige seines Haushalts nutzen will,

   in zulässiger Weise die Räume beseitigen, wesentlich verändern oder instand setzen will oder

   die Räume an einen zur Dienstleistung Verpflichteten vermieten will.

   Erläuterung: ____
   (den angekreuzten Grund der Befristung bitte hier ausführlich und konkret erläutern)
   ____

   Das Recht des Vermieters, gem. § 558 BGB vom Mieter die Zustimmung zu einer Mieterhöhung auf die ortsübliche Vergleichsmiete zu verlangen, bleibt durch diese Befristung unberührt. Gleiches gilt für eine Mieterhöhung wegen Modernisierung gem. § 559 BGB.

3. Setzt der Mieter den Gebrauch der Mieträume nach Ablauf der Mietzeit fort, so gilt das Mietverhältnis nicht als verlängert. § 545 BGB findet keine Anwendung.

§ 4 Fristlose Kündigung

1. Das Recht zur Kündigung ohne Einhaltung einer Frist bei Vorliegen der gesetzlichen Voraussetzungen bleibt unberührt. Die Kündigung muss schriftlich erfolgen.

§ 5 Miete, Betriebskosten

1. Die Nettokaltmiete beträgt monatlich ____________ Euro

   zuzüglich einer Vorauszahlung für die Betriebskosten gemäß §§ 1,2 Betriebskostenverordnung (BetrKV) inklusive Heiz- und Warmwasserkosten gemäß § 2 Betriebskostenverordnung (BetrKV) in Höhe von monatlich ____________ Euro

   zuzüglich Garagen-/Stellplatzmiete in Höhe von monatlich ____________ Euro

   zuzüglich ______________________ ____________ Euro

   Gesamtbetrag der Miete monatlich ____________ Euro

2. Der Mieter zahlt die Betriebskosten gemäß §§ 1, 2 Betriebskostenverordnung. Der Vermieter rechnet über die hierauf geleisteten Vorauszahlungen des Mieters einmal im Kalenderjahr ab. Die Abrechnung ist dem Mieter spätestens bis zum Ablauf des zwölften Monats nach Ende des Abrechnungszeitraums mitzuteilen. Sind Vorauszahlungen vereinbart worden, so kann jede Vertragspartei nach einer Abrechnung durch Erklärung in Textform eine Anpassung auf eine angemessene Höhe vornehmen. Bei einem Mieterwechsel während des Abrechnungszeitraums braucht der Vermieter keine Zwischenabrechnung zu erstellen.

3. Sach- und Arbeitsleistungen des Vermieters, durch die Betriebskosten erspart werden, dürfen mit dem Betrag angesetzt werden, der für eine gleichwertige Leistung eines Dritten, insbesondere eines Unternehmers, angesetzt werden könnte. Die Umsatzsteuer des Dritten darf nicht angesetzt werden. Als sonstige Betriebskosten i. S. v. § 2 Nr. 17 BetrKV gelten als vereinbart (ausdrückliche Bezeichnung erforderlich):
   ____
   ____

4. Werden öffentliche Abgaben neu eingeführt oder entstehen Betriebskosten i. S. d. der Betriebskostenverordnung neu, so können diese vom Vermieter im Rahmen der gesetzlichen Vorschriften umgelegt und angemessene Vorauszahlungen festgesetzt werden.

5. Der Mieter trägt von den Betriebskosten mit Ausnahme der Heiz- und Warmwasserkosten (hierzu Ziffer 6) einen Anteil nach dem Verhältnis der Wohn-/Nutzflächen des Hauses. Handelt es sich bei den Mieträumen um eine vermietete Eigentumswohnung, trägt der Mieter den Betriebs kostenanteil entsprechend dem Miteigentumsanteil der Wohnung nach Maßgabe der Verwalterabrechnung zuzüglich solcher Betriebskosten, die nicht in der Verwalterabrechnung enthalten sind, weil sie unmittelbar auf die vermietete Wohnung entfallen (z. B. Grundsteuer).

6. Die Heiz- und Warmwasserkosten werden nach der Heizkostenverordnung zu _____ % nach dem durch Verbrauchsmessgeräte erfassten Verbrauch und zu _____ % nach dem Verhältnis der Wohn-/Nutzflächen des Hauses, bei Eigentumswohnungen nach dem Verhältnis der Miteigentumsanteile, verteilt. Bei einem Mieterwechsel ist der Vermieter berechtigt, den Verbrauch entsprechend der Gradtagszahlentabelle abzurechnen. Erfolgt eine Zwischenablesung, sind die Kosten hierfür von dem ausziehenden Mieter zu tragen.

§ 6 Staffelmiete (falls nicht vereinbart, bitte streichen)

1. Die in § 5 Ziff. 1 vereinbarte Nettokaltmiete erhöht sich jährlich,

ab ______________ auf ______________, ab ______________ auf ______________

ab ______________ auf ______________, ab ______________ auf ______________

ab ______________ auf ______________, ab ______________ auf ______________

ab ______________ auf ______________, ab ______________ auf ______________

2. Während der Geltung der Staffelmiete sind keine sonstigen gesetzlichen Mieterhöhungen mit Ausnahme einer Erhöhung der Betriebskosten und ihrer Vorauszahlungen zulässig.

§ 7 Indexmiete (falls nicht vereinbart, bitte streichen)

1. Die Parteien vereinbaren, dass die Nettokaltmiete gemäß § 5 Ziff. 1 durch den vom Statistischen Bundesamt ermittelten Preisindex für die Lebenshaltung aller privaten Haushalte in Deutschland bestimmt wird (Indexmiete), und zwar wie folgt: Die Nettokaltmiete ändert sich jeweils frühestens nach Ablauf eines Jahres im gleichen prozentualen Verhältnis, wie sich der vom Statistischen Bundesamt ermittelte Preisindex für die Lebenshaltung aller privaten Haushalte in Deutschland (Basis 2019 = 100) gegenüber dem Preisindex verändert hat, der für den Zeitpunkt des Mietbeginns bzw. für den Zeitpunkt der jeweils letzten Mieterhöhung gilt.

2. Bei Vereinbarung der Indexmiete ist eine Mieterhöhung auf die ortsübliche Vergleichsmiete gemäß § 558 BGB ausgeschlossen. Eine Mieterhöhung wegen Modernisierung gem. § 559 BGB ist nur zulässig, wenn der Vermieter bauliche Maßnahmen aufgrund von Umständen durchgeführt hat, die er nicht zu vertreten hat i. S. v. § 555 Nr. 6 BGB.

§ 8 Zahlung der Miete

1. Die Miete ist monatlich im Voraus, spätestens am 3. Werktag eines Monats, kostenfrei an den Vermieter zu bezahlen (§ 556b Abs. 1 BGB).

2. Die Miete wird wie folgt gezahlt:

❑ Der Mieter überweist die Miete auf das nachbenannte Konto:

Konto-Inhaber: ______________________ Konto-Nr. (IBAN): ______________________
Kreditinstitut: ______________________ BLZ (BIC): ______________________
oder

❑ Der Mieter ermächtigt den Vermieter, die Miete sowie die Nachzahlungen aus den Betriebs- und Heiz kostenabrechnungen im Lastschrift-Einzugsverfahren von dem nachbenannten Konto abzubuchen:

Konto-Inhaber: ______________________ Konto-Nr. (IBAN): ______________________

Kreditinstitut: ______________________ BLZ (BIC): ______________________

§ 9 Mietsicherheit

1. Der Mieter leistet bei Abschluss des Mietvertrags eine Mietsicherheit in Höhe von ______________
Wichtig: Die Mietsicherheit darf nicht mehr als die dreifache monatliche Nettokaltmiete betragen (§ 551 BGB). Ist als Sicherheit eine Geldsumme bereitzustellen, so ist der Mieter zu drei gleichen monatlichen Teilzahlungen berechtigt. In diesem Fall ist die 1. Rate der Mietkaution zusammen mit der 1. Miete zu zahlen, die 2. und 3. Rate der Mietkaution wird fällig zusammen mit der 2. und 3. Miete (§ 551 Abs. 2 BGB).
2. Der Vermieter hat eine ihm als Sicherheit überlassene Geldsumme bei einem Kreditinstitut zu dem für Spareinlagen mit dreimonatiger Kündigungsfrist üblichen Zinssatz anzulegen. Die Anlage muss vom Vermögen des Vermieters getrennt erfolgen. Die Erträge stehen dem Mieter zu, sie erhöhen die Mietsicherheit.
3. Die Rückzahlung der Mietsicherheit erfolgt, sobald der Mieter die Mietsache geräumt hat und soweit dem Vermieter keine Ansprüche aus dem Mietverhältnis gegen den Mieter zustehen.

§ 10 Haftungsausschluss / Aufrechnungsverbot / Obliegenheit

1. Die verschuldensunabhängige Haftung des Vermieters wegen anfänglicher oder nachträglicher Mängel ist ausgeschlossen, es sei denn, dass es sich um versteckte Mängel handelt oder der Vermieter Vorsatz oder grobe Fahrlässigkeit zu vertreten hat und der Schaden durch die mangelhafte Mietsache entstanden ist; § 536a Abs. 1 BGB findet insoweit keine Anwendung.
2. Wird das Mietgebäude aus vom Vermieter nicht zu vertretenden Gründen vollständig zerstört oder ist bei teilweiser Zerstörung die Wiederherstellung mit unverhältnismäßigem Aufwand verbunden, so ist der Vermieter nicht zum Wiederaufbau bzw. zur Wiederherstellung verpflichtet.
3. Der Mieter kann nur mit Forderungen aus dem Mietverhältnis aufrechnen, wenn sie unbestritten, rechtskräftig festgestellt oder entscheidungsreif sind. Dies gilt nicht für Mietminderungen, die wegen der Vorfälligkeit der Miete im laufenden Monat entstanden sind. Diese Rückforderungsbeträge einer eventuell zuviel bezahlten Miete für den laufenden Monat können vom Mieter in den Folgemonaten zur Aufrechnung gebracht werden.
4. Der Mieter verpflichtet sich, die Mieträume mit der erforderlichen Sorgfalt zu behandeln und sie in gutem und gebrauchsfähigem Zustand zu erhalten.

§ 11 Benutzung der Mieträume

1. Der Mieter verpflichtet sich, die Mieträume und die gemeinschaftlichen Einrichtungen schonend und pfleglich zu behandeln und ordnungsgemäß zu reinigen.
2. Der Mieter darf die Mieträume nur zu dem vertraglich vereinbarten Zweck benutzen. Will er die Mieträume zu anderen Zwecken nutzen, so ist dazu die Zustimmung des Vermieters erforderlich.
3. Der Mieter ist berechtigt, in den Mieträumen Haushaltsmaschinen (z. B. Wasch- und Geschirrspülmaschinen) aufzustellen, wenn und soweit die Kapazität der vorhandenen Installation ausreicht und Belästigungen der Hausbewohner sowie Beeinträchtigungen der Mietsache und des Grundstücks nicht zu erwarten sind.
4. Die Installation von Kabelanschlüssen bedarf der Zustimmung des Vermieters. Gleiches gilt für die Installation von Einzelantennen auf dem Dach, an der Hausfassade oder sonstigen, von außen sichtbaren Gebäudeteilen sowie auf Balkonen, Terrassen oder sonstigen Außenflächen. Bei Installation einer Antenne durch den Mieter kann der Vermieter seine Zu stimmung davon abhängig machen, dass der Mieter ihn von allen im Zusammenhang mit der Installation entstehenden Kosten, Gebühren und Schäden frei hält sowie für den Aufwand bei der Beseitigung der gesamten Antennenanlage bei Auszug des Mieters in angemessener Weise Sicherheit leistet.

§ 12 Tierhaltung

1. Der Mieter bedarf der Zustimmung des Vermieters, wenn er in den Mieträumen ein Tier halten will, es sei denn, es handelt sich um Kleintiere (z. B. Wellensittich, Zierfisch). Der Vermieter darf die Zustimmung zur Tierhaltung im Übrigen verweigern bzw. widerrufen, wenn Belästigungen der Hausbewohner oder Beeinträchtigungen der Mietsache zu erwarten bzw. eingetreten sind.
2. Eine vom Vermieter erteilte Zustimmung gilt nur bis zum Tode oder der Abschaffung des Tieres, für das die Zustimmung erteilt wurde. Vor einer Neuanschaffung eines Tieres ist eine neue Genehmigung des Vermieters erforderlich.
3. Das Füttern von Tauben von der Mietwohnung oder dem Grundstück aus ist nicht zulässig.

§ 13 Instandhaltung und Instandsetzung der Mieträume

1. Der Mieter hat in den Mieträumen auftretende Schäden unverzüglich anzuzeigen, sobald er sie bemerkt.
2. Der Mieter haftet gegenüber dem Vermieter für Schäden, die durch ihn, seine Familienangehörigen oder von ihm beauftragte Handwerker schuldhaft verursacht werden.
3. Der Mieter trägt die Kosten für in den Mieträumen anfallende Kleinreparaturen. Die Kleinreparaturen umfassen das Beheben kleiner Schäden an den Installationsgegenständen für Elektrizität, Wasser und Gas, den Heiz- und Kocheinrichtungen, den Fenster- und Türverschlüssen sowie den Verschlusseinrichtungen der Fensterläden. Der Mieter trägt die Kosten für Reparaturen bis zu 100 Euro inkl. der gesetzlichen MwSt. pro Einzelfall. Pro Mietjahr ist der Aufwand für den Mieter auf 8% der jährlichen Nettokaltmiete begrenzt.

§ 14 Schönheitsreparaturen

1. Der Vermieter ist zur Durchführung regelmäßiger Schönheitsreparaturen nicht verpflichtet. Dies gilt nicht für Schönheitsreparaturen, soweit sie aufgrund eines nach Vertragsbeginn eintretenden Umstandes erforderlich werden, der nicht im Verantwortungsbereich des Mieters liegt.
2. Der Mieter ist verpflichtet, die Schönheitsreparaturen innerhalb der Wohnung durchzuführen, die während der Mietzeit durch seinen Mietgebrauch erforderlich werden. Die Schönheitsreparaturen umfassen das Tapezieren oder Anstreichen der Wände und Decken, das Streichen der Heizkörper einschließlich Heizrohre, offenliegender Versorgungsleitungen für Wasser und Gas, der Innentüren sowie der Fenster und Außentüren von innen und das Reinigen der Fußböden.
3. Die Schönheitsreparaturen sind fachgerecht auszuführen. Der Mieter ist berechtigt, die Schönheitsreparaturen in entsprechender Qualität selbst auszuführen.
4. Die Schönheitsreparaturen sind fällig, wenn und soweit eine Renovierung nach dem Zustand der jeweiligen Teile der Wohnung erforderlich ist. Üblicherweise werden Schönheitsreparaturen in folgenden Abständen in der Regel erforderlich sein:

   - in Küche und Bad alle fünf Jahre,
   - in den Wohn- und Schlafräumen sowie den Fluren alle acht Jahre,
   - in anderen Räumen alle zehn Jahre.

   Die Fristen gelten ab der Überlassung der renovierten Mieträume an den Mieter sowie im weiteren Verlauf des Mietverhältnisses jeweils ab der letzten Ausführung durch den Mieter. Der Übergabe renovierter Mieträume steht es gleich, wenn dem Mieter ein angemessener Ausgleich für die vorvertragliche Abnutzung durch den Vormieter vom Vermieter geleistet wurde. Vermieter und Mieter bleibt der Nachweis offen, dass die Schönheitsreparaturen wegen des Grades der Abnutzung der Wohnung schon vor oder erst nach dem Ablauf der Fristen erforderlich sind.
5. Fällige Schönheitsreparaturen hat der Mieter vor dem Ende des Mietverhältnisses so rechtzeitig nachzuholen, dass die Räume fachgerecht renoviert zurückgegeben werden können. Der Mieter hat bei Beendigung des Mietverhältnisses keine Schönheitsreparaturen auszuführen, die im Falle der Fortsetzung des Mietverhältnisses noch nicht erforderlich wären.

§ 15 Bauliche Veränderungen und Modernisierung durch den Vermieter

1. Der Mieter hat Maßnahmen zu dulden, die zur Instandhaltung oder Instandsetzung der Mietsache erforderlich sind (Erhaltungsmaßnahmen), § 555a BGB.
2. Gesetzlich vorgesehene Modernisierungsmaßnahmen hat der Mieter ebenfalls zu dulden (555b BGB). Dies gilt nicht, wenn und soweit die Maßnahme für den Mieter, seine Familie oder einen anderen Angehörigen seines Haushalts eine Härte bedeuten würde, die auch unter Würdigung der berechtigten Interessen des Vermieters als auch anderer Mieter in dem Gebäude sowie von Belangen der Energieeinsparung und des Klimaschutzes nicht zu rechtfertigen ist; die zu erwartende Mieterhöhung sowie die voraussichtlichen künftigen Betriebskosten bleiben bei der Abwägung im Rahmen der Duldungspflicht außer Betracht; sie sind nur gemäß § 559 Abs. 4 und 5 BGB bei einer Mieterhöhung gegebenenfalls zu berücksichtigen (§ 555d Abs. 2 BGB).
3. Der Mieter hat dem Vermieter Umstände, die eine Härte im Hinblick auf die Duldung oder die Mieterhöhung begründen, bis zum Ablauf des Monats in Textform mitzuteilen, der auf den Zugang der Modernisierungsankündigung folgt. Der Lauf dieser Frist beginnt nur, wenn die Modernisierungsankündigung den Vorschriften des § 555c BGB entspricht (hierzu nachfolgend Ziffer 4).

4. Der Vermieter hat dem Mieter spätestens 3 Monate vor Beginn der Maßnahme deren Art sowie voraussichtlichen Umfang in wesentlichen Zügen, den Beginn und die voraussichtliche Dauer der Modernisierungsmaßnahme sowie den Betrag der zu erwartenden Mieterhöhung, sofern eine solche verlangt werden soll, und die voraussichtlichen künftigen Betriebskosten in Textform mitzuteilen; zudem soll er den Mieter in dieser Modernisierungsankündigung auf die Form und Frist des Härteeinwands (Ziffer 3) gegebenenenfalls hinweisen (§ 555c Abs. 1 und Abs. 2 BGB). Dies gilt nicht für Modernisierungsmaßnahmen, die nur mit einer unerheblichen Einwirkung auf die Mietsache verbunden sind und nur zu einer unerheblichen Mieterhöhung führen (§ 555c Abs. 4 BGB).

5. Das Recht auf Mieterhöhung nach Modernisierungsmaßnahmen richtet sich nach den gesetzlichen Vorschriften (§§ 559 ff. BGB).

§ 16 Bauliche Veränderung durch den Mieter

1. Bauliche Veränderungen (Um- und Einbauten, Installationen jeglicher Art), durch die der Mieter in die Bausubstanz eingreift, dürfen nur mit Zustimmung des Vermieters vorgenommen werden. Eine etwa erforderliche Baugenehmigung hat der Mieter auf seine Kosten einzuholen. Alle durch die baulichen Veränderungen entstehenden Kosten hat der Mieter zu tragen.

2. Der Mieter haftet für alle Schäden, die im Zusammenhang mit den von ihm vorgenommenen baulichen Veränderungen stehen. Das gilt auch dann, wenn der Vermieter seine Zustimmung zu den Arbeiten erteilt hat.

3. Der Vermieter kann seine Zustimmung zu baulichen Veränderungen des Mieters, durch die er in die Bausubstanz eingreift, davon abhängig machen, dass der Mieter ihn von allen, im Zusammenhang mit den baulichen Veränderungen entstehenden Kosten, Gebühren und Schäden frei hält sowie für den Aufwand bei der Beseitigung der baulichen Veränderungen bei Auszug des Mieters in angemessener Weise Sicherheit leistet.

§ 17 Betreten der Mieträume durch den Vermieter

1. Dem Vermieter oder einem von ihm Beauftragten ist es gestattet, bei berechtigtem Interesse nach vorheriger Ankündigung die Mieträume zu betreten; auf eine persönliche Verhinderung des Mieters ist Rücksicht zu nehmen.

2. Bei Beendigung des Mietverhältnisses oder bei Verkauf des Grundstücks ist es dem Vermieter oder einem von ihm Beauftragten gestattet, die Mieträume zusammen mit Mietinteressenten bzw. Kaufinteressenten zweimal wöchentlich werktags (also auch am Samstag) in der Zeit von 10.00 Uhr bis 12.00 Uhr und 15.00 Uhr bis 17.00 Uhr nach rechtzeitiger Ankündigung zu betreten. Der Mieter verpflichtet sich, Vorkehrungen dafür zu treffen, dass die Mieträume auch in seiner Abwesenheit betreten werden können.

§ 18 Beendigung des Mietverhältnisses

1. Bei Beendigung des Mietverhältnisses hat der Mieter die Mieträume vollständig geräumt, besenrein und in einem vertragsgemäßen Zustand zurückzugeben. Wurde das Mietverhältnis ordentlich gekündigt, so sind die Mieträume am letzten Tag der Kündigungsfrist zurückzugeben.

2. § 14 findet Anwendung. Der Mieter hat dem Vermieter sämtliche Schlüssel zu übergeben. Das gilt auch für etwaige vom Mieter selbst beschaffte Schlüssel. Bei schuldhaftem Verlust ausgehändigter oder durch den Mieter selbst beschaffter Schlüssel ist der Vermieter berechtigt, auf Kosten des Mieters die erforderliche Zahl von Schlüsseln und neue Schlösser anfertigen bzw. einbauen zu lassen. Das gilt gleichermaßen bei Vorhandensein einer zentralen Schließanlage im Mietobjekt. Der Mieter wird darauf hingewiesen, dass die Haus- und Wohnungstürschlüssel Teil einer Schließanlage sind und daher bei Verlust auch nur eines Schlüssels ggf. die gesamte Schließanlage auszutauschen ist, was entsprechend hohe Kosten verursacht. Die Haftung des Mieters ist auf den Ersatz der verlorengegangenen Schlüssel beschränkt, wenn er nachweisen kann, dass ein Schlüsselmissbrauch ausgeschlossen ist.

3. Der Mieter kann die von ihm in den Mieträumen geschaffenen Einrichtungen wegnehmen. Der Vermieter kann aber verlangen, dass diese Einrichtungen in den Mieträumen verbleiben. In diesem Fall hat der Vermieter an den Mieter einen Geldbetrag zu leisten, der für die Neuanschaffung der jeweiligen Einrichtungen erforderlich wäre, abzüglich eines angemessenen Betrags für die bereits eingetretene Abnutzung der Einrichtungen.

4. Verlangt der Vermieter die Wiederherstellung des früheren Zustands, so hat der Mieter die erforderlichen Arbeiten auf seine Kosten auszuführen.

5. Setzt der Mieter den Gebrauch der Mietsache nach Ablauf der Mietzeit fort, so gilt das Mietverhältnis nicht als verlängert; § 545 BGB findet keine Anwendung; die Fortsetzung oder Erneuerung des Mietverhältnisses nach seinem Ablauf müssen vereinbart werden.

§ 19 Personenmehrheit als Mieter

1. Sind mehrere Personen Mieter (z. B. Ehegatten, Partner einer Lebensgemeinschaft), so haften sie für alle Verpflichtungen aus dem Mietverhältnis als Gesamtschuldner.

2. Erklärungen im Rahmen eines solchen Mietverhältnisses müssen von oder gegenüber allen Mietern abgegeben werden. Die Mieter bevollmächtigen sich jedoch gegenseitig zur Entgegennahme von Erklärungen des Vermieters. Diese Bevollmächtigung gilt auch für die Entgegennahme von Mieterhöhungserklärungen und Kündigungserklärungen des Vermieters, nicht aber für eine Aufhebung dieses Vertrags.

§ 20 Sonstige Vereinbarungen

(z. B. Wegereinigung und Streupflicht, Gartennutzung und -pflege, vom gesetzlichen Flächenmaß abweichender Verteilungsschlüssel für bestimmte Betriebskosten, Ausschluss der vollständigen Untervermietung gemäß § 540 BGB – möglich nur bei unbefristetem Mietvertrag)

Hinweis Vermieter/Erklärung Mieter: Mit Abschluss des Mietvertrags erklärt sich der Mieter bzw. erklären sich die Mieter damit einverstanden, dass seine/ihre persönlichen Daten – wie insbesondere Name, Bankverbindung, E-Mail-Adresse, Telefonnummer sowie Zählerstände für Heizung und Wasser – auf Grundlage der Datenschutzgrundverordnung (DSGVO) gespeichert werden. Hiernach erhobene Daten werden mit Beendigung dieses Mietvertrags vom Vermieter gelöscht, wenn und soweit die Daten nicht mehr von ihm oder seinen beauftragten Dritten (etwa Verwaltung und/oder Abrechnungsfirma) zu nutzen sind (etwa zur Kautions- oder Betriebskostenabrechnung).

Ort, Datum	Ort, Datum
Vermieter	Mieter

Hinweise zum Ausfüllen des Muster-Wohnraummietvertrags

Prüfen Sie Schritt für Schritt

Vorstehend sehen Sie sehen Sie einen gerichtsbewährten Formularmietvertrag auf neuestem Rechtsstand. Nachfolgend geben wir Ihnen Erläuterungen und Tipps zum Ausfüllen dieses Formulars, wobei die („Stecknadel"-) Nummern auf die entsprechend nummerierten Stellen im Vertragsmuster verweisen. So können Sie den Vertrag Ihren Interessen und Wünschen mühelos rechtssicher anpassen.

Parteien des Mietvertrags

1

Zunächst ist darauf zu achten, dass Sie die persönlichen Daten der Mietvertragsparteien korrekt und vollständig angeben. Zur Sicherheit sollten Sie sich von Ihrem Mieter den Personalausweis vorlegen lassen.

Praxis-Tipp: Nehmen Sie auch die alte Adresse, unter der Ihr Mieter derzeit noch zu erreichen ist, und seine Telefonnummer in den Vertrag auf. So können Fragen, die vor Einzug des Mieters auftauchen, oder Terminabsprachen schnell geklärt werden.

Alle Mieter haften Ihnen gemeinsam für alle Forderungen

Soll die Wohnung von mehreren Personen genutzt werden, sollten Sie alle erwachsenen Personen als Mieter in den Mietvertrag aufnehmen. Tragen Sie die vollständigen Namen, Geburtsdaten und Adressen aller Mieter in das Formular ein. Dies ist auch dann sinnvoll, wenn eine dieser Personen kein eigenes Einkommen bezieht. Der Vorteil für Sie: Alle in den Vertrag aufgenommenen Mieter haften Ihnen als Gesamtschuldner für die Miete und alle sonstigen Forderungen aus dem Mietverhältnis, und dies nicht nur mit ihrem Einkommen, sondern auch mit vielleicht erst im Laufe des Mietverhältnisses erworbenem Vermögen.

Möchten Sie an einen Studenten oder Auszubildenden ohne ausreichendes eigenes Einkommen vermieten, so sollten Sie den Mietvertrag besser mit den Eltern abschließen, da diese in der Regel zahlungskräftiger sind.

2 Mieträume

Mieträume so konkret wie möglich bezeichnen

Hier bezeichnen Sie die vermietete Wohnung so genau wie möglich. Tragen Sie die Adresse der Mieträume sowie die Lage innerhalb des Hauses ein. In § 1 Ziffern 1 und 2 des Vertragsformulars werden nur diejenigen Räume aufgeführt, die ausschließlich dem Mieter zur Verfügung stehen. Räume und Einrichtungen, die auch von anderen Mietern mitbenutzt werden, tragen Sie unter Ziffer 4 ein. Achten Sie bei Nebenräumen, die sich außerhalb der Mietwohnung befinden, also bei Kellerräumen, Abstellflächen im Dachgeschoss oder Garagen, auf eine möglichst genaue Bezeichnung.

Beispiele: *„Dritte Garage von Osten“*, *„Zweiter Stellplatz neben der Treppe“* oder *„Abstellraum Nr. 5, links neben dem Fahrradkeller“*

Auf diese Weise verhindern Sie späteren Streit um den Nutzungsumfang. Denn schon mancher Mieter ist im Laufe der Jahre aus einem kleinen in einen größeren Kellerraum eigenmächtig umgezogen oder hat weitere Abstellräume in Beschlag genommen.

3 Wohnfläche

Sehr genaue Angabe der Wohnfläche

Seien Sie mit der Angabe der Wohnfläche sehr genau und lassen Sie sich nicht durch die vorgedruckte Formulierung „beträgt circa … m²“ zu einer allzu sorglosen Schätzung der Wohnungsgröße verleiten, denn eine falsche Flächenangabe kann Sie bares Geld kosten.

Flächenabweichung erheblich bei mehr als 10%

Stellt sich nämlich im Laufe der Mietzeit heraus, dass die tatsächliche Wohnfläche um mehr als 10% unter der Flächenangabe im Mietvertrag liegt, stellt dies dem Bundesgerichtshof zufolge einen Mangel der Wohnung dar. Ihr Mieter kann dann im Verhältnis der Flächenabweichung die Miete mindern (BGH, Urteil v. 23.5.07, VIII ZR 138/06). Dies gilt auch dann, wenn der Flächenangabe ein „ca." vorangestellt ist (BGH, Urteil v. 10.3.10, Az. VIII ZR 144/09); damit können Sie sich also nicht schützen.

Unverbindliche Flächenangabe möglich

Ihr Vorteil: Wird zur Flächenangabe erklärt, dass sie wegen möglicher Messfehler nicht der Festlegung des Mietgegenstands dient, sondern sich sein räumlicher Umfang aus der Angabe der vermieteten Räume ergibt, treten diese für Sie nachteiligen Folgen einer Flächenabweichung nicht ein (BGH, Urteil v. 10.11.10, VIII ZR 306/09). Diesen Passus enthält deshalb das Formular zu Ihrer Sicherheit.

Praxis-Tipp: Um späteren Streitigkeiten vorzubeugen, empfiehlt es sich gleichwohl anzugeben, auf welcher Grundlage die Wohnfläche ermittelt wurde (Baupläne, Wohnflächenverordnung etc.).

Schlüssel

4

Achtung: Das Ausfüllen dieser Ziffer im Mietvertrag stellt keinen Nachweis dafür dar, dass Sie die eingetragenen Schlüssel tatsächlich Ihrem Mieter ausgehändigt haben. Lassen Sie sich deshalb unbedingt am Tag der Schlüsselübergabe noch eine gesonderte Quittung vom Mieter unterschreiben. Achten Sie darauf, dass darin alle tatsächlich übergebenen Schlüssel einzeln aufgezählt werden. Wegen der teilweise erheblichen Kosten für die Beschaffung verloren gegangener Schlüssel, insbesondere bei einer Schließanlage, sollten Sie diesen Punkt nicht unterschätzen.

Sie dürfen keinen Zweitschlüssel behalten

Denken Sie daran, dass Sie als Vermieter verpflichtet sind, Ihrem Mieter sämtliche Schlüssel der gemieteten Wohnräume zu übergeben. Sie dürfen nicht gegen den Willen oder ohne Wissen des Mieters einen Zweitschlüssel für sich behalten, auch nicht „nur für den Notfall".

Mieter zahlt für neue Schlösser

Ihr Vorteil: Verliert der Mieter einen Schlüssel zum Haus oder zur Wohnung, haftet er Ihnen auf Schadensersatz, wenn deshalb der Austausch der Schließanlage aus Sicherheitsgründen notwendig ist (BGH, Urteil v. 05.03.14, Az. VIII ZR 205/13).

Der Mieter seinerseits hat das Recht, Nachschlüssel für seinen Bedarf selbst anfertigen zu lassen. Er muss nicht zuvor Ihre Erlaubnis einholen oder Sie informieren. Selbstverständlich ist er aber verpflichtet, bei Mietende sämtliche Schlüssel an Sie herauszugeben, auch diejenigen, die er auf eigene Kosten hat nachmachen lassen.

5 Mietbeginn

Als Mietbeginn tragen Sie den Tag ein, zu dem der Mieter die Wohnräume in Besitz nehmen kann und ab dem er die vereinbarte Miete zu zahlen hat. Das Datum und der Wochentag sind frei wählbar.

Betreten der Mieträume vor Mietbeginn

Mancher Mieter fragt, ob er vor dem vereinbarten Mietbeginn die Mieträume betreten kann, um bereits zu tapezieren oder die Wohnung nach seinen Wünschen herzurichten. Ist die Wohnung zu dem Zeitpunkt nicht vermietet, können Sie das, wenn Sie möchten, kulanterweise gestatten. Günstiger für Sie ist es natürlich, wenn Sie stattdessen vorschlagen, einen um die entsprechende Zeit vorverlegten Mietbeginn zu vereinbaren, um für diese Zeit bereits Miete verlangen zu können.

Vorsicht, Falle: Doppelvermietung

Seien Sie vorsichtig, wenn die Mieträume noch vermietet sind, auch wenn Ihr vorhergehender Mieter bereits vor Ablauf der Mietzeit ausgezogen ist und Ihnen die Schlüssel auch schon zurückgegeben hat. In diesem Fall dürfen Sie den neuen Mieter nur dann vor dem offiziellen Mietbeginn in die Wohnung einziehen lassen, wenn der ausgezogene Mieter einverstanden ist. Andernfalls riskieren Sie, dass der ausgezogene Mieter einen Teil seiner Miete von Ihnen zurückverlangt.

Beachten Sie, dass Sie den Beginn des Mietverhältnisses entweder nur in § 2 oder nur in § 3 des Mietvertragsformulars eintragen, je nachdem, ob Sie einen unbefristeten Mietvertrag oder einen Zeitmietvertrag vereinbaren möchten. Den jeweils anderen Paragrafen sollten Sie dann zur Klarstellung durchstreichen.

Unbefristetes Mietverhältnis

Meist wird ein unbefristetes Mietverhältnis vereinbart. Ein solches läuft auf unbestimmte Zeit und kann von beiden Seiten unter Einhaltung der gesetzlichen Fristen ordentlich gekündigt werden, von Ihnen als Vermieter allerdings nur, wenn Sie ein berechtigtes Interesse an der Räumung der Wohnung geltend machen können.

Von Vorteil: Ein Kündigungsverzicht

Kündigungsausschluss möglich

Auch können Sie den Ausschluss der ordentlichen Kündigung vereinbaren. In einem Mustermietvertrag ist dies aber nur zulässig, wenn der Ausschluss für beide Seiten und nicht länger als 4 Jahre gilt (BGH, Urteil v. 19.11.08, Az. VIII ZR 30/08). Dabei beginnt diese Frist mit Unterzeichnung des Mietvertrages und endet – unter Berücksichtigung der Kündigungsfrist – 4 Jahre später (BGH, Urteil v. 07.10.15, Az. VIII ZR 247/14).

Praxis-Tipp: Vereinbaren Sie einen Kündigungsverzicht für nicht mehr als 44 Monate. Dies berücksichtigt die übliche 3-monatige Kündigungsfrist des Mieters sowie den Umstand, dass der Mietvertrag häufig im Monat vor Mietbeginn unterzeichnet wird. Hinweis: Individuell kann ein Kündigungsverzicht sogar unbeschränkt vereinbart werden (BGH, Beschluss v. 08.05.18, Az. VIII ZR 200/17).

In § 2 Ziffer 4 des Formulars findet sich eine Klausel, nach der das Mietverhältnis nicht als verlängert gilt, wenn der Mieter nach dem Ablauf der Kündigungsfrist die Wohnung weiter nutzt. Trotz dieser generellen Regelung sollten Sie, wenn am Ende der Mietzeit Ihr Mieter nicht auszieht, einer Fortsetzung des Mietverhältnisses durch den Mieter noch einmal widersprechen. Dies ist zulässig im Kündigungsschreiben und in einer Räumungsklage, die binnen 14 Tagen nach Mietende erhoben wird (BGH, Urteil v. 25.06.14, Az. VIII ZR 10/14).

6 Zeitmietvertrag

Vorteil: Mietvertrag endet bei Befristung sicher

Einen Zeitmietvertrag können Sie dann mit Ihrem Mieter vereinbaren, wenn Sie schon bei Abschluss des Mietvertrags wissen, dass Sie die Wohnung zu einem späteren Zeitpunkt wegen Eigenbedarfs, geplanter Baumaßnahmen oder als Dienstwohnung nutzen wollen (§ 575 BGB). Ihre Vorteile gegenüber einem Mietverhältnis auf unbestimmte Zeit: Sie brauchen später keine Kündigung mehr auszusprechen und zu begründen und keine Kündigungsfristen mehr einzuhalten. Ihr Mieter kann sich nicht auf seinen Kündigungsschutz berufen und wird auch vom Gericht keine Räumungsfrist bewilligt bekommen.

Wenn Sie einen Zeitmietvertrag vereinbaren wollen, tragen Sie den Mietbeginn und das konkrete Datum, zu dem das Mietverhältnis enden soll, in § 3 des Formulars ein. Wie lange das zeitlich befristete Mietverhältnis dauern soll, hängt von den jeweiligen Umständen ab. Jede Zeitspanne ist möglich, ob das Mietverhältnis nun wenige Monate oder etliche Jahre dauern soll.

Nur 3 Befristungsgründe zulässig

Wichtig: Die Befristung des Zeitmietvertrags ist nur dann wirksam, wenn Sie den Grund der Befristung ganz konkret im Mietvertrag benennen. Es kommen nur die 3 im Vertragsformular genannten Gründe in Betracht.

Schriftliche Erläuterung notwendig

Achtung: Es reicht nicht, dass Sie den in Frage kommenden Befristungsgrund ankreuzen, sondern Sie müssen auf jeden Fall eine zusätzliche schriftliche Erläuterung eintragen. Hierbei haben Sie als Vermieter so genau wie möglich zu sein. Eine nur schlagwortartige Benennung Ihrer Verwendungsabsichten, beispielsweise:

„Die Wohnung wird dann für einen Angehörigen benötigt“ oder: *„Die Wohnung soll von Grund auf saniert werden“*, reicht nicht aus.

Wichtig: Eine spätere Auswechslung des Befristungsgrundes ist nicht möglich. Statt wie angekündigt komplett zu sanieren, können Sie nun nicht Ihren Sohn einziehen lassen. Möglich sind hingegen Änderungen innerhalb des angegebenen Befristungsgrundes. Beispielsweise kann an Stelle Ihres Sohnes später Ihre Tochter einziehen, und statt des geplanten Abbruchs ist die grundlegende Sanierung möglich.

Späterer Wechsel des Grundes nicht möglich

Besteht zum Ende der vereinbarten Vertragslaufzeit der im Mietvertrag angegebene Befristungsgrund nicht mehr, dann kann Ihr Mieter die weitere Fortsetzung des Mietverhältnisses auf unbestimmte Zeit verlangen. Der Mieter kann vom Vermieter frühestens 4 Monate vor Ablauf der Befristung verlangen, dass dieser ihm binnen eines Monats mitteilt, ob der Befristungsgrund noch besteht (§ 575 Abs. 2 BGB).

Mieter darf 4 Monate vor Mietende Auskunft verlangen

Die 3 möglichen Befristungsgründe im Einzelnen:

- **Befristungsgrund 1: Eigenbedarf**

Soll nach Ablauf der vereinbarten Mietzeit Eigenbedarf geltend gemacht werden, müssen Sie bereits hier im Mietvertrag ganz konkret die Person benennen, für die Eigenbedarf besteht. Sie können Eigenbedarf für Verwandte und für Haushaltsangehörige geltend machen.

Begünstigte Person konkret benennen

Beispiele: *„Die Wohnung wird dann für meine Tochter benötigt.“* Oder: *„Die Wohnung soll dem Kind meiner Lebensgefährtin überlassen werden, das zur Zeit noch in unserem gemeinsamen Haushalt lebt.“*

Ein Verwandter muss zwar nicht mit Namen, aber nach dem Grad der Verwandtschaftsbeziehung benannt werden. Zu Ihren Familienangehörigen zählen in diesem Zusammenhang Ehepartner, Kinder, Enkelkinder, Geschwister und Eltern. Auch der Nutzungswunsch zugunsten der Schwiegereltern, Stiefkinder, Schwager und Schwägerin, Nichten und Neffen wird von den Gerichten anerkannt, jedenfalls dann, wenn Sie diesen Angehörigen zur Fürsorge verpflichtet sind oder nachgewiesenermaßen enge persönliche Beziehungen bestehen. Haushaltsangehörige sind unabhängig vom Verwandtschaftsgrad alle Personen, die schon bisher in Ihrem Haushalt leben. Dies können etwa ein Lebensgefährte oder dessen Kinder, aber auch Haushaltsgehilfen sein, die mit Ihnen zusammen wohnen.

- **Befristungsgrund 2: Umbau/Instandsetzung/ Modernisierung**

Baumaßnahmen größeren Umfangs

Eine Befristung des Mietverhältnisses wegen geplanter Umbau- oder Sanierungs- und Modernisierungsmaßnahmen setzt voraus, dass diese durch das Weiterbestehen des Mietverhältnisses erheblich erschwert würden. Nur Baumaßnahmen größeren Umfangs rechtfertigen deshalb den Abschluss eines Zeitmietvertrags. Kleinere Bau- oder Modernisierungsmaßnahmen, die von Ihrem Mieter während der Mietzeit geduldet werden müssten, beispielsweise eine Erneuerung der Fenster, stellen hingegen keine ausreichende Begründung für eine Befristung des Mietverhältnisses dar.

Nur rechtmäßige Baumaßnahmen möglich

Die Formulierung „in zulässiger Weise“ neben dem anzukreuzenden Kästchen des Vertragsformulars bedeutet, dass die von Ihnen geplante Baumaßnahme nach den gesetzlichen Vorschriften, insbesondere des Bau- und Planungsrechts, zulässig sein muss. Es ist jedoch nicht erforderlich, dass Ihnen eine möglicherweise notwendige Bau-, Abriss- oder Zweckentfremdungsgenehmigung bereits bei Abschluss des Zeitmietvertrags vorliegt.

In der Zeile „Erläuterungen“ müssen Sie die Art der geplanten Baumaßnahmen konkret beschreiben.

Beispiele: *„Nach Mietende beabsichtige ich, die Wohnung in mehrere kleine Appartements aufzuteilen."* Oder: *„Die Zentralheizung soll erneuert werden. Ich will sämtliche Wohnräume mit einer Fußbodenheizung ausstatten."*

- **Befristungsgrund 3: Betriebsbedarf/Dienstwohnung**

Diesen Befristungsgrund können Sie geltend machen, wenn Sie zugleich Vermieter und Arbeitgeber sind und die Wohnung einem Arbeitnehmer für die Dauer des jeweiligen Arbeitsverhältnisses zur Verfügung stellen wollen.

Beispiel: Sie führen einen Handwerksbetrieb und vermieten eine Wohnung an Ihren Auszubildenden. Hier können Sie den Mietvertrag bis zum voraussichtlichen Ende der Ausbildungszeit befristen. Erläuterung: *„Die Wohnung soll dann einem neuen Auszubildenden zur Verfügung gestellt werden."*

Ihr Vorteil: Erweist sich ein Zeitmietvertrag als unwirksam, weil hierfür kein wirksamer Befristungsgrund bestand, ist die insoweit unwirksame Vereinbarung in die Vereinbarung eines Kündigungsverzichts umzudeuten (siehe oben). Somit dürfen beide Vertragspartner für die ursprünglich beabsichtigte Mietdauer nicht ordentlich kündigen (BGH, Urteil v. 11.12.13, Az. VIII ZR 235/12).

7

Miete, Betriebskosten

Betriebskosten-vorauszahlung festlegen

Tragen Sie in § 5 Ziffer 1 des Mietvertrags auf jeden Fall separate Beträge für die Nettokaltmiete und die Betriebskostenvorauszahlungen ein. Aus diesen Einzelbeträgen setzt sich dann der Gesamtbetrag der Miete zusammen, den Ihr Mieter monatlich zu zahlen hat.

Wenn Sie nur einen einzigen Geldbetrag einsetzen, dann haben Sie – vielleicht ohne es zu wollen – eine so genannte Bruttomiete vereinbart, die auch die Betriebskosten einschließt. In diesem Fall könnten Sie die entstehenden Betriebskosten nicht mehr gesondert auf Ihre Mieter umlegen.

Hinweis: War die Vereinbarung einer Bruttomiete früher durchaus üblich, ist sie heute wegen der erheblich gestiegenen Betriebskosten wirtschaftlich nicht mehr vertretbar. Zulässig ist eine Inklusivmiete aber. Unzulässig ist nur die Vereinbarung einer Bruttowarmmiete, also einer Miete, die die Kosten für Heizung und Warmwasser beinhaltet (BGH, Urteil v. 19.07.06, VIII ZR 212/05).

Maßgeblich ist die Betriebskostenverordnung

Tragen Sie neben der Miete also einen monatlichen Vorauszahlungsbetrag für die Heiz- und Warmwasserkosten und für die übrigen Betriebskosten ein. Ein einheitlicher Betrag hat für Sie den Vorteil, dass Sie alle Betriebskosten zusammen abrechnen können. Bemühen Sie sich um eine realistische Schätzung der monatlichen Kosten. Sind die Vorauszahlungen zu niedrig angesetzt, weshalb der Mieter eine erhebliche Nachzahlung nach der ersten Betriebskostenabrechnung leisten muss, erhöht dies das Risiko für einen Zahlungsausfall. Eine nicht hinreichende Kalkulation der Vorauszahlungen kann Ihr Mieter aber nicht beanstanden (BGH, Urteil v. 11.02.04, Az. VIII ZR 195/03).

BGH: „Mieter trägt die Betriebskosten" reicht

Durch den Verweis auf die Regelungen der Betriebskostenverordnung (BetrkV) ist in ausreichender Weise deutlich gemacht, welche Betriebskosten im Einzelnen Ihr Mieter zu tragen hat (BGH, Urteil v. 27.06.07, Az. VIII ZR 202/06). Auch ist mittlerweile eine Vereinbarung ausreichend, wonach der Mieter „die Betriebskosten" trägt (BGH, Urteil v. 10.02.16, Az. VIII ZR 137/15). Das bedeutet andersherum: Sie sind weder verpflichtet, einzelne Betriebskosten aufzuführen noch die Betriebskostenverordnung beizufügen.

Gehört zu der Wohnung, die Sie vermieten wollen, eine Garage oder ein Stellplatz, tragen Sie auch hierfür einen gesonderten Betrag in die entsprechende Rubrik des Vertragsformulars ein.

In der freien Zeile können Sie eventuellen Besonderheiten Ihres Mietobjekts und Ihres Mietverhältnisses Rechnung tragen, etwa einen Möblierungs- oder Untermietzuschlag.

8

Sonstige Betriebskosten immer alle benennen

Weil die Betriebskostenverordnung an 17. Stelle die „sonstigen Betriebskosten" aufführt, glauben viele Vermieter und Verwalter auf der sicheren Seite zu sein: Alle diese Kosten trägt der Mieter. Das ist ein teurer Irrtum. Denn die sonstigen Betriebskosten müssen im Mietvertrag ausdrücklich bezeichnet werden – sonst bleiben Sie auf diesen Kosten sitzen (BGH, Urteil v. 10.02.16, Az. VIII ZR 137/15).

9

Verteilung der Heiz- und Warmwasserkosten

Übliche Bandbreite 50–70%

Die Heizkostenverordnung verpflichtet Sie als Vermieter dazu, die Heiz- und Warmwasserkosten zu mindestens 50% und höchstens 70% nach dem erfassten Verbrauch auf die einzelnen Mieter im Haus umzulegen und die übrigen Kosten nach der Wohn-/Nutzfläche aufzuteilen (§§ 7, 8). Tragen Sie dementsprechend in § 5 Ziffer 6 des Formulars in die erste Lücke im Text einen Betrag zwischen 50 und 70% ein, in die zweite Lücke den Rest, so dass die Summe 100% ergibt. Im Einzelfall ist es auch zulässig, einen Verbrauchsanteil von bis zu 100% mit dem Mieter zu vereinbaren (§ 10).

Die Pflicht zur Aufteilung der Heiz- und Warmwasserkosten teils nach individuellem Verbrauch, teils nach Wohnfläche trägt dem Umstand Rechnung, dass die Heiz- und Warmwasserkosten sich nicht nur aus verbrauchsabhängigen Anteilen zusammensetzen, sondern auch aus verbrauchsunabhängigen Kostenpositionen, beispielsweise der Bedienung, Überwachung und Pflege der Anlagen.

Praxis-Tipp: Erfahrungsgemäß empfiehlt es sich, einen möglichst hohen Anteil der Kosten nach dem individuellen Verbrauch umzulegen. Dies entspricht meist dem hohen Anteil der Energiekosten an den Gesamtkosten für Heizung und Warmwasser und wird auch von den Mietern regelmäßig als gerecht empfunden.

10 Staffelmiete

Staffelmiete und Indexmiete

Als Vermieter können Sie während der Mietzeit von Ihrem Mieter die Zustimmung zu einer Mieterhöhung bis zur ortsüblichen Vergleichsmiete verlangen. Sie haben aber auch die Möglichkeit, bereits im Mietvertrag zukünftige Mieterhöhungen schriftlich zu vereinbaren. Das Gesetz stellt Ihnen hierzu 2 alternative Erhöhungsmöglichkeiten zur Verfügung, die Sie auch in dem Mietvertragsformular finden: einerseits die Staffelmiete in § 6 und andererseits die Indexmiete in § 7 des Formulars.

Bei der Staffelmietvereinbarung legen Sie im Mietvertrag bereits ganz konkret fest, zu welchen Zeitpunkten und um welche Beträge in Euro und Cent die Miete jeweils steigen soll.

Beispiel: Als Nettomiete der Wohnräume vereinbaren Sie 800 € monatlich. Mietbeginn war der 01.09.2018. Ihre Staffelmietvereinbarung könnte dann so aussehen:

Die Nettokaltmiete erhöht sich jährlich,
ab 01.09.2021 auf 815 €,
ab 01.09.2022 auf 830 €,
ab 01.09.2023 auf 850 €,
ab 01.12.2024 auf 870 €.

Achtung: Es reicht nicht, die jeweilige Erhöhung in Prozent anzugeben. Unwirksam wäre daher eine Vereinbarung, dass sich beispielsweise die Miete alle zwei Jahre um 3% erhöht.

Zeitraum jeder Staffel mindestens 1 Jahr

Wichtig: Achten Sie unbedingt darauf, dass die Zeiträume zwischen 2 Mietstufen mindestens 1 Jahr betragen. Die Zeiträume dürfen zwar auch länger, aber keinesfalls kürzer sein. Bereits wenn ein einziger Zeitraum zu kurz bemessen ist, macht das die gesamte Staffelmietvereinbarung unwirksam. Legen Sie besonderes Augenmerk auf den Zeitraum zwischen Mietbeginn und erster Mieterhöhung, denn hier liegt erfahrungsgemäß die größte Gefahrenquelle.

Beispiel: Beginnt ein Mietverhältnis am 15.12.2020, darf die erste Mieterhöhung nicht ab 01.12.2020 gelten. Vereinbaren Sie stattdessen Mieterhöhungen jeweils zum 1. Januar eines jeden Folgejahres:

Die Nettokaltmiete erhöht sich jährlich,
ab 01.01.2021 auf … €,
ab 01.01.2021 auf … € usw.

Automatische Mieterhöhung

Die Vorteile einer Staffelmietvereinbarung für Sie als Vermieter: Sie sparen sich den oft streitträchtigen Weg einer Mieterhöhung mit Begründung anhand von Mietspiegeln, Vergleichswohnungen oder Sachverständigengutachten. Die Miete erhöht sich automatisch zu den vereinbarten Zeitpunkten. Sie müssen Ihren Mieter nicht noch besonders auffordern, die erhöhte Miete zu zahlen. Auch die Planungssicherheit ist ein großer Pluspunkt: Sie und Ihre Mieter wissen von vornherein, was in puncto Miete auf sie zukommt. Das wissen auch Mieter zu schätzen.

Gesetzliche Mieterhöhungen ausgeschlossen

Vorsicht: Möchten Sie eine Staffelmiete vereinbaren, sind für ihre Laufzeit Mieterhöhungen zur Anpassung an die ortsübliche Vergleichsmiete ausgeschlossen. Nicht einmal Mieterhöhungen auf Grund durchgeführter Modernisierungsmaßnahmen sind für diesen Zeitraum möglich (§ 557a Abs. 1 BGB).

Wenn Sie also planen, in nächster Zeit Modernisierungen in der Mietwohnung durchzuführen, macht die Vereinbarung einer Staffelmiete für Sie keinen Sinn. Nutzen Sie stattdessen die allgemeinen Mieterhöhungsmöglichkeiten durch Umlage der Modernisierungskosten.

Praxis-Tipp: Möchten Sie die geplante Modernisierungsmaßnahme allerdings erst in einigen Jahren in Angriff nehmen, so können Sie für die Zeit bis dahin Staffelmieten vereinbaren. Denn sobald die Staffelmietvereinbarung durch Zeitablauf endet, dürfen Sie die Miete wieder nach dem Gesetz erhöhen.

Betriebskosten-vorauszahlungen anpassen

Eine Anpassung der Betriebskostenvorauszahlungen an gestiegene Preise bleibt Ihnen aber immer auch während der Laufzeit einer Staffelmietvereinbarung unbenommen (§ 560 Abs. 4 BGB).

Mieten oberhalb der Mietpreisbremse sind unzulässig

Sie können eine Staffelmiete für beliebig viele Jahre im Voraus vereinbaren. Ein Risiko besteht allerdings darin, dass sich die Mieten vergleichbarer Wohnungen in der Umgebung Ihres Mietobjekts anders entwickeln können, als die vereinbarte Staffelmiete. Nur im Geltungsbereich der „Mietpreisbremse“ wären die einzelne Mietstaffeln nämlich insoweit unwirksam, als sie die Miete daraufhin mehr als 110% der ortsüblichen Vergleichsmiete beträgt (§ 557a Abs. 4 BGB).

Indexmiete

Wenn Sie schon bei Abschluss des Mietvertrags eine automatische Anpassung der Miete an die allgemeine Preisentwicklung vereinbaren möchten, um sich spätere Mieterhöhungsverlangen, die mit Mietspiegel, Vergleichswohnungen oder Sachverständigengutachten begründet werden müssten, zu sparen, können Sie eine Indexmiete vereinbaren (§ 557b BGB).

Kopplung der Miete an die Verbraucherpreise

Indexmiete bedeutet, dass die Miete an die Entwicklung des „Preisindex für die Lebenshaltung aller privaten Haushalte in Deutschland“ gekoppelt ist. Dieser Index ist ein Maß für die Preissteigerung in Deutschland und wird monatlich vom Statistischen Bundesamt veröffentlicht.

Das bietet Ihnen den besonderen Vorteil, dass sich die Miethöhe an der allgemeinen Preisentwicklung orientiert. Gegenüber der Staffelmiete hat die Indexmiete aber auch Nachteile:

Mietänderung nur nach schriftlicher Geltendmachung

Die Miethöhen in den einzelnen Jahren stehen bei Abschluss des Vertrags noch nicht fest, da die Entwicklung des Verbraucherpreisindexes ungewiss ist und sogar auch absinken kann. Sie können also nicht mit Mieteinnahmen in festgelegter Höhe kalkulieren. Außerdem tritt die Mietänderung nicht automatisch ein, sondern Sie als Vermieter müssen jede Mietsteigerung noch einmal schriftlich geltend machen.

Das Schreiben, mit dem Sie die Änderung einer Indexmiete fordern wollen, muss diese Angaben enthalten:

- den Preisindex bei Mietbeginn bzw. zum Zeitpunkt der letzten Mietanpassung,
- den aktuellen Preisindex und
- die Errechnung des konkreten Geldbetrags, um den die Miete erhöht wird, oder die Angabe der neu zu zahlenden Miete in Euro und Cent.

Ihr Vorteil: Die prozentuale Steigerung des Indexwerts und der Miete brauchen Sie nicht mehr anzugeben (BGH, Urteil v. 22.11.17, Az. VIII ZR 291/16).

Die Mieterhöhung errechnen Sie einfach wie folgt: Neuer Indexwert dividiert durch den alten Indexwert multipliziert mit der gegenwärtigen Miete ergibt die neue vom Mieter geschuldete Miete.

Die geänderte Miete ist immer erst mit Beginn des übernächsten Monats nach dem Zugang der Erklärung vom Mieter zu zahlen (§ 557b Abs. 3 BGB).

Mieterhöhungen 1 Jahr lang ausgeschlossen

Hinweis: Auch bei Vereinbarung einer Indexmiete gilt, dass die Miete jeweils 1 Jahr lang unverändert bleiben muss, und dass während der Laufzeit der Indexmietvereinbarung weitere Mieterhöhungen auf die ortsübliche Vergleichsmiete oder wegen Modernisierungen ausgeschlossen sind (§ 557b BGB).

Modernisierung unvorhersehbar notwendig

Nur eine Ausnahme gibt es: Ist die Modernisierung gesetzlich angeordnet, können Sie trotz Indexmietvereinbarung die Miete aufgrund dieser Modernisierungsmaßnahme erhöhen § 557b Abs. 2 BGB).

Beispiel: Die Energieeinsparverordnung verpflichtet Sie zur Erneuerung des alten Heizkessels (§ 10 EnEV, § 555b Nr. 6 BGB). Die auf diese Modernisierung entfallenden Kosten können Sie auf Ihre Mieter umlegen.

Nicht vergessen: Möchten Sie keine Indexmiete vereinbaren, streichen Sie § 7 des Vertragsformulars durch.

12

Mietsicherheit

Maximal 3 Monatsmieten zulässig

Die Mietkaution soll Ihre Forderungen als Vermieter sichern, doch ist sie hierfür häufig nicht ausreichend. Vor allem Ansprüche wegen beschädigter Mieträume bzw. wegen nicht oder nur unzureichend durchgeführter Schönheitsreparaturen gehen oft über das gesetzliche Maximum von 3 Nettokaltmieten (§ 551 Abs. 1 BGB) hinaus. Tragen Sie also das 3-Fache der Nettokaltmiete aus § 5 Ziffer 1 des Formulars hier ein.

Eine Erleichterung gibt es schon für den Fall, dass ein Dritter von sich aus eine weitere Mietsicherheit anbietet, um den Vermieter den Abschluss des Mietvertrags „schmackhaft" zu machen. Hauptanwendungsfall ist die Elternbürgschaft: Ohne dazu aufgefordert oder verpflichtet zu sein, übernehmen die Eltern zum Mietvertrag ihres Kindes eine Bürgschaft, die 3 Nettokaltmieten übersteigt. Dies ist zulässig (BGH, Urteil v. 07.06.90, Az. IX ZR 16/90).

13

Benutzung der Mieträume

Hausordnung vereinbaren

Die Regelungen im Formular geben Ihren Mietern eine ausreichende Orientierung darüber, wie sie sich in den Mieträumen verhalten dürfen. Darüber hinaus empfiehlt es sich, in einer Hausordnung diese Pflichten zu konkretisieren und für alle Mieter zu vereinheitlichen.

Gibt es in Ihrem Mietobjekt bereits eine Hausordnung, sollten Sie diese als Anlage dem Mietvertrag beifügen. In § 20 „sonstige Vereinbarungen" nehmen Sie dann ausdrücklich auf, dass Ihr Mieter zur Einhaltung der beigefügten Hausordnung verpflichtet ist.

Vermieten Sie eine Eigentumswohnung, achten Sie unbedingt darauf, die für Sie als Eigentümer geltende Hausordnung oder Nutzungsregelung an Ihren Mieter weiterzugeben, damit Sie ihm etwa nicht mehr Befugnisse einräumen, als Ihnen als Miteigentümer selbst zustehen.

14

Kleinreparaturen

Sie können die Kosten für Kleinreparaturen nur dann von Ihrem Mieter ersetzt verlangen, wenn dies im Mietvertrag vereinbart ist. Wichtig ist dabei, dass Sie mit Ihren Mietern nur eine Kostenübernahme vereinbaren dürfen. Sie können die Mieter also nicht dazu verpflichten, selbst die Reparaturarbeiten durchzuführen.

Es gilt eine doppelte Kostengrenze

Beachten Sie auch die doppelte Kostengrenze. Die Kostentragungspflicht des Mieters muss sowohl für jeden Reparaturfall, als auch für jedes Mietjahr, betragsmäßig begrenzt sein. Durch die im Vertragsmuster getroffenen Regelungen werden diese Reparaturkosten im rechtlich zulässigen Umfang auf Ihren Mieter abgewälzt. Die hier genannten Euro-Beträge entsprechen in ihrer Höhe dem, was derzeit von den Gerichten als zulässige Mieterbelastung akzeptiert wird.

15

Schönheitsreparaturen

Hat Ihr Mieter die Wohnung renoviert erhalten?

Die Pflicht zur Durchführung erforderlicher Schönheitsreparaturen können Sie Ihrem Mieter nur noch auferlegen, wenn Sie ihm die Mietwohnung renoviert übergeben haben oder er eine angemessene Entschädigung dafür erhält, dass dies nicht geschehen ist (BGH, 18.03.15, Az. VIII ZR 185/14).

Unter dieser Voraussetzung hat Ihr Mieter nach unserem Mietvertrag die erforderlichen Renovierungen vorzunehmen. Dabei ist insbesondere auch zulässig, eine „weiche" Renovierungsfrist zu vereinbaren. „Weich" meint, dass der Mieter nicht zwingend nach Ablauf der Fristen renovieren muss, sondern nur im Regelfall. Die angegebenen Zeiträume sind als unverbindlich und nur der Erfahrung geschuldet, dass üblicherweise nach ihrem Ablauf Schönheitsreparaturen erforderlich sind.

Kostenquotenklauseln sind jetzt unwirksam

Hinweis: Eine Verpflichtung des Mieters zur Renovierung ist weder bei Einzug noch bei Mietende in Formularmietverträgen zulässig. Ebenso unzulässig wäre es, von Ihrem Mieter eine Renovierung zu verlangen, die objektiv nicht erforderlich ist. Und schließlich können Kostenquotenklauseln nicht mehr wirksam vereinbart werden (BGH, Urteil v. 18.03.15, Az. VIII ZR 242/13). Die Vereinbarung einer Entschädigung aufgrund eines Kostenvoranschlages bei nur kurzer Mietdauer kann damit nicht vereinbart werden.

Mit der in § 14 des Mietvertragsformulars getroffenen Regelung sind Sie auf der sicheren Seite.

Handschriftliche Ergänzungen vermeiden

Praxis-Tipp: Verzichten Sie darauf, in § 20 „Zusätzliche Vereinbarungen" des Formulars handschriftliche Ergänzungen zu der vorformulierten Schönheitsreparaturklausel zu machen. Besonders wenn Sie Ihrem Mieter zusätzliche Renovierungspflichten oder Rückgabepflichten bei Beendigung des Mietverhältnisses auferlegen wollen, kann dies in der Summe zu einer unangemessenen Benachteiligung des Mieters führen. In diesem Fall ist die gesamte Klausel unwirksam und der Mieter nicht (mehr) zur Renovierung verpflichtet.

16

Personenmehrheit

Erklärungen müssen an alle Mieter gerichtet werden

Mit dieser Klausel erleichtern Sie sich Ihren Verwaltungsaufwand erheblich, wenn mehrere Personen Mieter sind, denn Sie müssen nicht jede das Mietverhältnis betreffende Erklärung wie Betriebskostenabrechnung, Mieterhöhung oder Kündigung, allen Mietern gesondert zuschicken. Stattdessen genügt ein einziger Brief. Dieser muss aber – das ist wichtig! – an alle Mieter gerichtet sein. Sprechen Sie also in Anschrift und Anrede des Briefs nicht nur einen Ihrer Mieter an, sondern führen Sie die Namen aller Mieter der Wohnung auf.

17

Zusätzliche Vereinbarungen und Anlagen

An dieser Stelle können Sie beispielsweise Vereinbarungen zur Straßenreinigungs- und Streupflicht oder zur Gartennutzung und Gartenpflege eintragen. Auch wenn Sie bereits bei Abschluss des Vertrags dem Mieter eine Zustimmung zur Haltung eines bestimmten Haustieres, zur Anbringung einer Satellitenanlage oder zu baulichen Veränderungen erteilen wollen, kann dies hier schriftlich festgehalten werden.

Sämtliche Anlagen aufführen

Außerdem sollten Sie an dieser Stelle sämtliche Anlagen aufführen, die Sie in rechtlich verbindlicher Weise zum Bestandteil des Mietvertrags machen wollen, beispielsweise eine Hausordnung oder Pläne, aus denen sich die Lage mitvermieteter Stellplätze ergibt.

Achten Sie darauf, dass die Zugehörigkeit der Anlagen zum Mietvertrag zweifelsfrei erkennbar ist. Dies empfiehlt sich schon aus Gründen der Klarheit, damit Sie noch nach Jahren leicht rekonstruieren können, was zwischen Ihnen und Ihrem Mieter vereinbart wurde. Auch ist dies wichtig, wenn Sie einen befristeten Zeitmietvertrag oder einen Kündigungsausschluss für längere Zeit als ein Jahr vereinbaren wollen. Denn solche Vereinbarungen sind nur dann wirksam, wenn der gesamte Vertrag in schriftlicher Form geschlossen wurde (§ 550 BGB). Das bedeutet, dass sowohl der Mietvertrag als auch eventuelle Zusatzvereinbarungen schriftlich und mit Original-Unterschriften vereinbart werden müssen, und die Existenz solcher Zusatzvereinbarungen gegebenenfalls aus dem Hauptmietvertrag erkennbar sein muss.

18

Datenschutzerklärung

Neues Gesetz seit 25.05.2018

Seit dem 25.05.2018 haben Vermieter und Verwalter darüber zu informieren, wenn sie persönliche Daten von Mietern zu speichern. Hierzu zählen Personalien, Selbstauskünfte (inkl. solche durch die Schufa), Bankverbindungen und Kontaktdaten, aber auch die Zählerstände für Heizung und Wasser, deren Angaben sie für die Betriebskostenabrechnung brauchen.

Um diese Daten speichern zu dürfen, benötigen Sie das Einverständnis Ihrer Mieter. Diese Regelung stellt frühestmöglich sicher, nämlich mit Vertragsschluss, dass Sie dieses Einverständnis Ihrer Mieter haben.

19

Unterschriften

Unterschrift aller Personen

Achten Sie darauf, dass an dieser Stelle alle Personen den Mietvertrag unterschreiben, die auf Seite 1 des Vertragsformulars als Vermieter und Mieter eingetragen sind. Dies sorgt für die notwendige Klarheit und ein späterer Streit darüber, wer nun eigentlich Ihre Mieter sind, wird vermieden. Unterschreibt ausnahmsweise eine Person stellvertretend für andere Mieter, muss dies durch einen Zusatz bei der Unterschrift deutlich gemacht werden. Lassen Sie sich in diesem Fall eine schriftliche Vollmacht des vertretenen Mieters aushändigen, damit Sie auf der sicheren Seite sind.